なるほど！
心理学
調査法

三浦麻子 監修

大竹恵子 編著

北大路書房

本書に掲載されている会社名・製品名は一般に各社の登録商標または商標です。

本書掲載のプログラム使用において生じたいかなる損害についても，弊社および著者は一切の責任を負いませんので，あらかじめご了承ください。

「心理学ベーシック」シリーズ
刊行にあたって

　本シリーズは，心理学をただ学ぶだけではなく自らの手で研究することを志す方々のために，心理学の標準的な研究手法とその礎となる基礎知識について，なるべく平易かつ的確に解説したものである。主たる想定読者は心理学系の大学の学部生だが，他分野を修めてから進学した大学院生，心理学者と共同研究を始める他領域の研究者，消費者行動など人の心がかかわるデータを収集することが有用な実務家など幅広い。

　第1巻「心理学研究法」では，心理学とはどういう学問か，その歴史も含めて説き起こしたうえで，どの研究法にも共通する基盤的知識を解説している。鮮度が高く，かつ経年劣化の少ない事例やハウツーを盛り込む一方で，読みながら手を動かすためのマニュアルというよりも，じっくり読んでいただける内容を目指した。そのために，事例やハウツーをただ網羅するのではなく，「なるほど！」と理解できるように提示することを重視した。

　第2巻「実験法」，第3巻「調査法」，第4巻「観察法」，第5巻「面接法」は，各研究法による研究の実際について，多くの若手・中堅研究者の助力も得て，豊富な事例をそれぞれ具体的かつ詳細に解説している。心理学の基本的な方法論を身につけるために，多くの心理学系の大学で必修科目となっている「実験実習」のテキストとして用いることを想定しており，読みながら手を動かすためのマニュアルという位置づけとなる。類書と比べると，古典的な手法に加えて，測定機器やインターネットの発達などにより実施が可能となった今日的な手法も盛り込んだところが特徴である。また，優しい一方で活き活きとした表情をもつイラストが随所に織り込まれている。内容への興味をよりいっそう喚起してくれるものと思う。

　「心理学を学ぶこと」をめぐる状況は，2015年に国家資格「公認心理師」の制度化が決まったことによって大きな岐路に立った。公認心理師の国家試験受験資格を得るためのカリキュラムが制定されるが，そこでは実験実習にあまり

重きが置かれていない。しかしわれわれは，心理職としての現場での実践を有為なものとするためには，何よりもまず，心理学諸領域の基礎的な知見や理論を学び，それらをふまえて自らテーマを設定して研究を計画し，収集したデータを分析・考察するという一連の科学的実証手続きを遂行するためのスキルとテクニックを習得することが必要だという強い確信をもっている。心理職は現場で科学者たるべしというこの考え方を「科学者 − 実践家モデル（scientist-practioner model）」という。心理職が医師や看護師，あるいは教師と協働することの意義は，彼らとは異なる角度から同じ現場を見つめる視点を導入できるところにある。その視点こそが科学者としてのそれである。

　人間の心のはたらきを科学的に見つめるまなざしは，心理職に就く人にとって有用なばかりではなく，社会生活のあらゆる場面でも機能する。他者の心の状態を推測する心の機能のことを「心の理論（Theory of Mind）」といい，人は成長する中で「自分と他人は違う」ことを徐々に知るようになる。ではどう違うのか，なぜ違うのか。社会生活の中には，心の理論をより深め，自分と他者の違いに折り合いをつけることが必要になる場面が数々ある。そんなとき，自らの思いに振り回されすぎない科学的な視点をもつことは，互いにとってより適応的な社会生活を導くだろう。自己流ではない確立した方法論を身につけ，研究を実践する経験をとおしてこそ，それを手に入れることができる。

　本シリーズの監修者と各巻の編著者の共通点は，関西学院大学心理科学研究室（関学心理）の教員だということである。関学心理は，わざわざ「心理学」ではなく「心理科学」を標榜しているところに端的に示されるとおり，実証主義に根ざした科学的な観点を共通基盤として，さまざまな視点から総合的な人間理解を目指す研究を進めている。監修および第1巻担当の三浦麻子は社会心理学，第2巻の佐藤暢哉は神経科学，同じく第2巻の小川洋和は認知心理学，第3巻の大竹恵子は健康心理学，第4・5巻の佐藤寛は臨床心理学と専門分野は異なるが，全員が，心理学を学び，研究する際に何よりも必要なのは科学的視点であり，それに沿ったスキルとテクニックを身につけることの重要性を伝えたいと強く願っている。小川は関学心理の出身だが，それ以外の面々は偶然にも皆「科学」を冠する（そして「心理」は冠されていない）学部・研究科の出身である。また，シリーズ全体を通して挿画を担当した田渕恵も，われわれ

と同じく関学心理のメンバーで，「科学」を冠する（そして「心理」は冠されていない）学部・研究科の出身である。本シリーズは，こうした面々によって，科学としての心理学を実現するための標準的なテキストとなるべく編まれたものである。

　本シリーズ刊行に際して，誰よりも感謝したいのは，監修者と編著者に日々「心理学研究はどうあるべきか」を考え，そのための技を磨く機会を与えてくれる関学心理のすべてのメンバーである。われわれは，大学に入学して初めて心理学を学びはじめた学部生が，卒業論文というかたちで研究をものにするまでにいたる道程を教え導く立場にある。より発展的な研究を目指す大学院生たちとは日夜議論を交わし，ともに研究を推進している。学生たちに何をどう伝えれば心理学研究の適切なスキルとテクニックを身につけさせられ，それと同時に心理学研究の面白さをより深く理解してもらえるのか，考えない日はない。その試行錯誤が終わることはないが，社会的な意味で心理学という学問が注目を集め，ひょっとするとその立ち位置が大きく変わるかもしれない今，現時点での集大成としてこのシリーズを刊行することの意義は深いと考えている。こうした意図を汲んでくださったのが北大路書房の安井理紗氏である。氏は監修者の大学院の後輩で，科学的な心理学研究を学んだ人でもある。そんな氏の「科学としての心理学の砦になるシリーズを」という思いは，ひょっとするとわれわれよりも熱いくらいで，日々の業務に紛れてどうしても遅筆気味になるわれわれにとって大いなる叱咤激励となった。ここに記して御礼申し上げたい。

　本シリーズが，質の高い心理学研究を産み出すための一つのきっかけとなれば幸いである。なお，本シリーズに連動して，以下の URL にて監修者と編著者によるサポートサイトを用意しており，各巻に関連する資料を提供している。より詳しく幅広く学ぶために，ぜひご活用いただきたい。

http://psysci.kwansei.ac.jp/introduction/booklist/psyscibasic/

※北大路書房のホームページ（http://www.kitaohji.com）からも，サポートサイトへリンクしています。

2017 年 3 月

監修　三浦麻子

.

はしがき

　本書『なるほど！ 心理学調査法』は，心理学の研究法の一つである「調査」について，その手法の意義や特徴，作成および活用方法などの基礎的知識を解説した書籍である。

　本書は，これから調査法を学ぼうする初学者が理解しやすいよう，具体例や実習例などを盛り込み，調査法の知識だけではなく，スキルの向上につながる内容を心がけた。また，院生や研究者などの心理学の専門家にとっても読み応えのあるものになるよう，他の類書では扱われることが多くはないが調査法を用いて研究を行なう際に知っておくと便利な知識や手法を応用編として紹介し，調査法の応用力と実践力を身につけることを目指した。このように，本書を一冊読めば，心理学の調査法において必要とされる知識や実用手法のほとんどが網羅できる構成になるように工夫した。

　本書は，4部構成になっており，第1部では，調査法の特徴や意義，研究手法や研究倫理に関する諸問題を概観しながら調査法の基礎について解説した。第2部では，調査法の実習として「心理尺度をつくる」過程を取り上げ，心理尺度作成の一般的な作業の流れとともに各章を設定し，実際の研究例を学びながら心理尺度が完成するまでの過程を解説した。第3部では，第1部，第2部での学びをふまえて，実際に「心理尺度をつかう」ことをとおして調査法の理解と実施するうえで必要な基礎力の向上を目指して，調査法の代表例としてSD法，経験抽出法，オンライン調査を紹介した。最後に，第4部では，「心理尺度をつくる」「心理尺度をつかう」の応用編として翻訳法，対象者の特性に応じた調査法，比較文化研究における調査法，郵送調査法を取り上げ，調査法の応用力と実践力の向上を目指した。なお，本文中の太字は学習するうえで重要な用語であり，調査法に関連した興味深いトピックスや知っておくと研究法の学びが深まる知識などはコラムとして紹介した。また，本書で紹介した調査票の例やサンプルデータなど，ダウンロードできる資料には⬤印をつけて

いる。実習での学びや研究を行なう際に是非ともご活用いただきたい。

　本書は,「心理学ベーシック」のシリーズという位置づけからもわかるように,調査法の初学者が興味をもって学び,調査法に関する理解が促進されることを目指して,基礎的な内容を多く盛り込んだ調査法の概説書となっている。その意味で,本書では十分に取り上げることができなかった専門的な内容も存在しており,調査法の今後の発展とともに多くの知見が蓄積されることが期待されるが,本書が,本シリーズの各巻への関心とともに,心理学に興味をもつ多くの方々にとって少しでもお役に立てれば,編者としてこれほどうれしく幸せなことはない。

　本書の完成に際して,著者である3名の優秀な若手研究者のお力をお借りした。それぞれの専門は,一言英文が,比較文化心理学・感情心理学,田渕恵が,社会心理学・高齢者心理学,箕浦有希久が,パーソナリティ心理学・感情心理学と多種多様だが,いずれも調査法を実習として教えた経験をもち,自身の研究活動からも日々調査法について学び,考え,活用し続けている点で共通する研究に対する熱い思いをもった素晴らしい研究者である。あらためて3名の先生方の尽力に深く感謝したい。

　本シリーズの刊行に関連して,心理学が科学であることに厳格で,研究への熱い思いにあふれる伝統と誇りも含めて,関学心理にかかわるすべての方々に感謝申し上げたい。また,編者という責務を与えてくださり,本書の完成を導いてくださった監修の三浦麻子先生に,あらためてこの場をお借りして御礼申し上げたい。最後に,本書の出版に際して,企画から編集の細部にわたるまで,いつも熱く親身に対応くださった北大路書房の安井理紗氏に感謝申し上げたい。

2017 年 初夏

編者　大竹恵子

目次
Contents

「心理学ベーシック」シリーズ刊行にあたって　i
はしがき　ii

第1部　調査法の基礎 …………………………………… 1

第1章　心理学における調査法　2

1節　調査法とは：調査法の意義と特徴　2
2節　調査法の強みと弱み　3
3節　調査法における主観報告の科学性　6
4節　心理尺度を用いた研究を行なうために：実証研究の手順と文献検索　8
　　Column 1　調査法の歴史：IQと人種差別・偏見　13
　　Column 2　概念的再現研究　14

第2章　調査法に関する諸問題　16

1節　サンプリングの問題　16
2節　調査方法の問題　18
3節　研究倫理に関する問題　20 ……… 1　倫理的同意：インフォームド・コンセント／2　デブリーフィングと調査データの回収／3　プライバシーの保護と守秘義務：データの分析，保存・管理／4　研究データの公表：データの発表，還元／5　研究倫理委員会による審査と利益相反

vii

Part 2

第2部 調査法の実習「心理尺度をつくる」⋯⋯⋯⋯⋯⋯⋯ 29

第3章 何をつくるのかを考える：
測定概念の明確化と質的データの収集　30

1節　構成概念とは　30
2節　測定内容の明確化　31
3節　項目作成のための質的データの収集　33⋯⋯⋯⋯｜　ブレーンストーミング／2　観察法・面接法／3　自由記述法と文章完成法
　　　　　Column 3　質的データのクロス表に基づく分析：双対尺度法　38

第4章 項目をつくる：
質問項目の作成と内容的妥当性の検討　40

1節　質問項目の作成と回答方法の選定　40⋯⋯⋯⋯｜　カテゴリー分類と項目の選定／2　回答方法の選定
2節　内容的妥当性の検討　44
3節　心理尺度の項目作成としての翻訳研究とその必要性　45
　　　　　　　　　　　　Column 4　リッカート法　46

第5章 調査票をつくる：
調査票の作成と調査の実施方法　47

1節　調査票の作成　47
2節　調査の実施手順　50⋯⋯⋯⋯｜　サンプリングと調査方法の選定／2　調査票の配布とデータの回収
3節　収集したデータの処理　51⋯⋯⋯⋯｜　質問紙データの下準備／2　ローデータの作成／3　スコアリングデータの作成
　　　　　Column 5　顕在的・潜在的な意識や態度を測る　58

第6章 項目を選ぶ：項目の選定とその手法　59

1節　項目の選定とその方法　59
2節　データの傾向を知る　60⋯⋯⋯⋯｜　記述統計量／2　度数分布表／3　回

答偏向の確認

3節　項目間の関係を知る　63………1　相関分析／2　散布図／3　非線形関係／4　擬似相関／5　クロス表

4節　等質性（α係数）　72

5節　探索的因子分析　73………1　項目選定における構成概念と因子分析／2　探索的因子分析の考え方／3　探索的因子分析における因子数と因子負荷量の意味／4　探索的因子分析における回転法の意味／5　探索的因子分析の実習例

Column 6　因子分析の2つの方法　79
Column 7　探索的因子分析における相関関係の意味　80

第7章　心理尺度をつくる：信頼性，妥当性の検討　81

1節　信頼性とは　82………1　信頼性の種類と検討方法／2　内的一貫性／3　再検査信頼性

2節　妥当性とは　88………1　妥当性の種類と検討方法／2　内容的妥当性／3　基準関連妥当性／4　構成概念妥当性／5　単一的な妥当性概念

3節　信頼性と妥当性の関係性　91

Column 8　心理尺度にはどの程度の項目数が必要か？　94

Part 3
第3部　調査法の実習「心理尺度をつかう」……………95

第8章　SD法　96

1節　SD法とは　96

2節　SD法における測定と評価方法　97

3節　実習　98………1　形容語対の選定と調査票の作成／2　調査の実施／3　データの入力／4　データの分析

第9章　経験抽出法　105

1節　経験抽出法とは　105………1　経験抽出法による調査のメリット／2　経験抽出法による調査の問題点

2節　実習：一日再構成法　108………1　一日再構成法による質問紙調査／2

目次　ix

データの入力／3　尺度得点の算出／4　クロス表と時系列グラフの作成／5　個人内相関係数の算出

3節　実習：日記法　115………1　日記法質問紙の作成／2　データの入力と整理／3　調査口ごとの記述統計量の算出

4節　経験抽出法の今後の展開　124

第10章　オンライン調査　126

1節　オンライン調査の意義と特徴　126………1　オンライン調査とは／2　オンライン調査の強みと弱み／3　オンライン調査のさまざまな活用法

2節　オンライン調査の参加者　130

3節　オンライン調査の作成　131

4節　オンライン調査の現状と今後の展開　132

Column 9　オンライン調査サイト　134

Column 10　データベースの活用法　134

Part 4

第4部　「心理尺度をつくる」「心理尺度をつかう」応用編

………………… 137

第11章　翻訳法　138

1節　心理尺度における翻訳研究の意義　138

2節　翻訳研究の2つのパターン　139

3節　心理尺度の翻訳過程　140

4節　心理尺度の翻訳例　142

第12章　対象者の特性に応じた調査法　145

1節　対象者の特性を考慮した調査法における留意点　145

2節　調査依頼のための信頼関係づくり　146

3節　調査票の読みやすさ，回答のしやすさの工夫　146

4節　丁寧なアフターケア　148

第13章　比較文化研究における調査法　151

1節　比較文化調査とは　151
2節　比較文化調査とバイアス　153
3節　不変性（等価性）とその検証方法　153
4節　比較文化調査のまとめと今後の展開　154

Column 11　項目反応理論：IRT　156

第14章　郵送調査法　157

1節　郵送調査法とは　157
2節　郵送調査の設計：手続き的なデザイン　159
3節　郵送調査の設計：物理的なデザイン　159
4節　調査対象者および住所の情報を得る方法　160

Column 12　郵送調査の返送用封筒に残された情報　161

引用文献　163
索　引　169

第 1 部

調 査 法 の 基 礎

　第1部では，心理学における調査法の基礎について学ぶ。第1章では，その特徴や意義，強み（長所）・弱み（短所）を知り，調査法における主観報告の意味や**心理尺度**を用いた研究の実施に関する手法・手順について理解する。第2章では，調査法を用いた研究を実施する際に留意すべき点として，サンプリング，調査方法，研究倫理に関する諸問題について学び，調査法の基礎について理解を深めよう。

心理学における調査法

　心理学は,「心の科学」と呼ばれることがあるが,心のはたらきや行動を研究対象として,心の普遍的な法則を明らかにする実証(的)科学である（心理学の詳しい定義や歴史等については本シリーズ第1巻「心理学研究法」を参照のこと）。心理学では,さまざまな方法を用いて研究を行なうが,その一つの方法が本書で扱う「調査法」である。この章では,調査法の意義や特徴を学びながら,調査法によって得られるデータの強みや弱みについて理解しよう。

1節　調査法とは：調査法の意義と特徴

　心理学の研究法は,大きく「**実験的研究法**」と「**観察的研究法**」の2つに分けることができるが,調査法は,「観察的研究法」に含まれる。観察的研究法の他の研究法として,**観察法**（本シリーズ第4巻参照）,**面接法**（同じく第5巻参照）,**検査法**などがある。調査法とは,「人間の心や行動を理解するために,研究対象となる人たちにさまざまな質問を投げかけ,それに対する回答（研究対象者の主観的な評価）を自己報告によって収集する方法」だといえる。

　調査法では,研究対象に対してなんらかの人為的な操作を行なうことはほと

んどなく，あくまで自然な状態での研究対象者の心理状態や行動を測定し，心理現象の把握や，それに伴う人口統計学的な要因を探索するために用いられることが多い。その意味で，人為的な操作を独立変数（原因）として設定し，独立変数以外の変数を統制して，従属変数（結果）に与える独立変数の純粋な効果を検討しようとする実験的研究法（実験法：本シリーズ第2巻参照）とは異なる。調査法は，実験法に比べると，心理現象の原因を特定する力は弱い研究法だといえる。

　しかしながら一方で，実験室には持ち込むことが難しい個人差や心理現象，それらに関連する要因等（たとえば，パーソナリティや社会環境，文化といった要因）を扱う場合には，調査法こそが最大限に力を発揮する。たとえば，ある心理現象や行動に関する分布を公衆衛生や疫学的に把握する必要がある場合や，国勢調査などの大規模な母集団を対象にした調査などは，もはや実験に持ち込むことは現実的にも積極的な意味はなく，まさに調査法の意義と特徴を活かすことができる。そこで次節からは，調査の強みと弱みについて詳しく見ていくことにする。

2 節　調査法の強みと弱み

　調査は，個人個人の回答をデータとするため，その人の特性やその人らしさである「個別性」を記述する道具だということもできる。たとえば，あなたが学生だとすると，調査を用いた最も身近な個別性を記述する例は「試験」である。試験は，あなた個人の学力を記述する調査だといえる。一般の方であれば，個人の政治的な意見を記述（回答）する「投票」や，街角や Web 上で記述を求められる（たとえば，現在使用中のモバイル端末の種別・機種について記述（回答）する）「アンケート」などは，個人の意見や使用に関する好みといった個別性を測定する調査の一種だといえる。これらの調査によって得られるデータは，平均点や得票数といった合計値を計算するために用いられるのと同時に，回答（投票）した一人ひとりの意見を表わすものである。先にも述べたように，心理学とは，心のはたらきや行動に関する「個別性」を扱いながら，「心の普

遍的な法則」を検討する実証（的）科学である。調査法は，まさにこの「個別性」と「普遍性」の２つを探求するアプローチを得意としている。つまり，個人レベルでのデータから得られる知見と，個々のデータを全体として集約することによって得られる知見の両方を導くことを調査法は可能にしてくれる。

調査法の強み（長所）と弱み（短所）について，宮下（1998）はそれぞれの特徴を整理してまとめている。それによると，調査法の強みとして次の５点があげられている。

①個人の内面を広くとらえることができる。

②多人数に同時に比較的短時間で実施できる。

③費用が比較的安価である。

④いっせいに実施することによって実施条件を統一できる。

⑤調査対象者のペースで回答できる。

この他にも，調査実施者の影響や倫理的に問題のある操作をすることなしにデータ収集が可能であることや，長期間にわたる追跡調査が（他の研究法に比べると）行ないやすいという点も大きな強みである。

一方，調査法の弱みとしては，次の３点があげられている。

①個人の内面を深くとらえることが難しい。

②調査対象者の防衛がはたらきやすい。

③適用年齢に制限がある。

この他にも先にも述べたように，調査法は，実験のように原因を人為的に操作していないため，実験法に比べると原因を特定することは難しい。そこで得られる個人差としてのデータは，統制していないさまざまな要因が関連している可能性は捨てきれないし，実際には個人差以外の要因を統制することはきわめて難しい。この弱みに対して，社会心理学領域をはじめとして，調査法にシナリオ実験を組み合わせるかたちで便宜的に条件を操作し，シナリオに対する回答を求める研究法も存在する。このようなシナリオ実験では，あくまで「架空」の条件設定をしている。そのため，シナリオ実験を組み合わせたとしても，調査法によって得られるデータの信頼性は，実際の状況下での行動や，さまざ

まな要因が統制された条件下での実験室実験で観察される行動と比べると損なわれている可能性があることも理解しておく必要がある。

また，そもそも調査法によってデータを得るためには，調査対象者自身が質問を文章で読み解き，選択肢を精査し，普段の自分の行動についてあれこれ照らし合わせながら総合的に判断して，自分にとって最も適切だと思う回答を選ぶ必要があり，これ

質問紙調査の実施

らの一連の高度な認知的処理が可能であることが前提となっている。そのため，たとえば，内に秘めた他者には出さない攻撃性の高さや道徳的に好ましくない個人の態度，倫理に反する意見などが書かれた質問文を読み，内容を十分に理解したうえで回答を導き出すという過程において，自分をよく見せようという意識がはたらいてしまったり，回答に本来の自分をそのまま表わさないといったさまざまな歪みが生じる可能性も考えられる。仮に，ある1つの項目に対して「とてもよく当てはまる」と回答した人がいた場合，この回答が真実であるのか，あるいは虚偽による回答であるのかは，この1項目の回答からだけでは判別できない。また，とりわけ，社会の規範に関するような心理状態や言動を測定しようとすると，社会的望ましさなどの要因が回答に影響する可能性が示唆されている。このような回答の歪みに対する対策として，調査法では，**ライスケール（lie scale）**と呼ばれる虚偽尺度を用いてデータの信頼性を検討（確保）しようと試みている。しかしながら，これらのデータの歪みは，「他者からの評価を意識する」ことによって生じる反応でもある。このように考えると，データの信頼性を確保するための努力は，調査法にかぎった話ではなく，心理学のどの研究法にも共通するデータ収集上の重大な課題だといえる。

3節　調査法における主観報告の科学性

　人の報告はどれほど信頼できるか。この問題は，ヴント（Wundt, W.）による**内観法**の頃から心理学が取り組み続けている永遠の課題だといえる。一般的には，報告が信頼できる／できないということ自体を疑う人は少ないかもしれない。たとえば，実際，警察は目撃情報をさまざまな人たちからの報告によって収集し，政治家は国民から寄せられる意見を政策に反映し，文化人類学では人の報告を前提に文化の研究を行なっている。しかし，心理学の究極の目的は，「心」すなわち知情意の理解であり，これは感情・動機づけ・認知と，これらによって動かされる私たちのさまざまな行動のしくみを理解することだといえる。

　このような心の追求を目指した結果，心理学では知情意や行動が必ずしも言語報告には反映されない例を数多く示してきた。時に，人は，自分が好きなものを選んだのだと言いながら，実は自分に近いところにあるものを選ぶことや，楽しい経験だったと言いながら，実は報酬が少なかったことを正当化していること，自分の人生は幸せだと言いながら，実は天気が良い日にそう答えていることなどが証拠としてあげられる。つまり，人の報告は，時と場合によっては必ずしも信頼できるものではない場合が，残念ながら存在するのである。

　しかし，その一方で，だからと言って，人の報告には信頼性がまったくないとする意見もまた誤りである。たとえば，5因子性格検査の項目は10年間隔でも同じ個人から変わらない性格の評定値を測定していることや，幸福の尺度に対する報告は他者が自分の幸福度を評価したものと相関し，道徳的に善いことを追求する人は10年後の健康度が高い，といった研究が存在する。これらの結果は，人の報告がまったくのでたらめであったとすると起こりえない現象である。

　自己報告である心理尺度と生理指標

天気の良い日と悪い日では回答に違いが出る？

によるデータとの相関関係を示す研究として，一言ら（Hitokoto, Glazer, & Kitayama, 2016）は，心理尺度である文化的自己観尺度と，顔刺激を呈示後のギャンブル課題損失時に惹起される生理的反応との関係について報告している。日本をはじめ，他者と調和を保ち協力し合うことを重視する相互協調的な文化の中で生きていると，他者の前で犯す失敗はきわめて心理的に大きな意味をもつ。すなわち，一瞬とはいえ，顔（他者）の線画が呈示された直後に 2 枚のカードのうち 1 枚を引き，それがババ（ギャンブル課題における損失）であったような場合は，特に協調的な文化に慣れ親しんだ人は，そうでない人に比べて，自分の行為が失敗したことを処理する神経活動が強いと予想できる。また，協調的な文化で獲得される自己観（自分はこういう人間であるという信念）は，文化的な生活を送ることで獲得されるアイデンティティであり，「私は，周囲の人と意見が異なったら，自分の意見を控える」といった項目で構成される心理尺度（文化的自己観尺度）の得点から把握することができる。このような個人特性が心理尺度によって正しく測定できているとすれば，失敗時の神経活動と協調的自己観は正の相関関係にあることが予想できる。そして，分析の結果，両者の相関は統計的に有意であり，協調的自己観の尺度得点が高い人ほど，顔刺激を呈示後のギャンブル課題損失時に惹起されるフィードバック関連電位が大きいことが明らかにされたのである。

　つまり，**自己報告**によってデータを得る**心理尺度**（調査法）は，心を測定する適切な「ものさし」として正しく標準化することによって，信頼できる情報（データ）を得ることを可能にする。心理学の測定法には，さまざまな手法があるが，**主観報告**を主要な対象とする調査法の観点から考えると，報告だけではなく，実際の行動や生物的・神経科学的な反応の測定なども組み合わせながら，多面的なアプローチを試みることは重要である。それは，科学的に実証された優れた方法であれば，それらが異なる手法であったとしても，個々のさまざまな測定法を超えて，**再現性**のある，理論的に同じ枠組みで説明できる心理現象を導くからである。

4節 心理尺度を用いた研究を行なうために：実証研究の手順と文献検索

　心理尺度の作成過程については，本書の第2部を参照いただければと思うが，世の中にはすでに数多くの心理尺度が開発されている。このことは，たいていの場合は（これまでの研究では検討されてこなかった概念を新たに見いだして尺度作成を含めて研究を進めるといった研究目的ではないかぎり），研究を開始しようとするとき，必ずしも心理尺度を新たに作成しなければならないというわけではないことを意味する。

　それでは，既存の心理尺度を引用して研究に用いる場合，どのような基準で類似した尺度の適切さを評価し，どのような手順で研究を進めればよいのだろうか。自分の研究目的に見合った心理尺度を選定するためには，まず適切に情報収集を行ない，先行研究を幅広く把握することが重要となる。

　どのような研究法を用いる場合でも，実証研究を行なう手順としては，次のような流れが一般的である。

①研究の準備段階としてさまざまな学術的な情報を入手しながら自分が興味をもっている研究内容に関する知見を深める。

②科学的手法に基づいて研究のアイデアを生み出し，研究目的を考える。

③研究計画を立案する。

研究計画の立案までくれば，その後は，次のような流れになる。

④研究の実施。

⑤得られたデータの分析。

⑥結果の解釈・考察。

　研究を行なううえで最も頭を悩ませ，苦労するのが，①〜③の段階といえるかもしれないが，言い方を変えれば，この段階でいかに独創的で斬新な研究の発想を見いだせるかが，研究の面白さや新しさのカギとなる。

　既存の心理尺度と出合うための方法の一つとして，インターネットを介し

表 1-1　文献検索のための無料オンライン・データベースサイトの一例

〈日本語論文〉

【J-STAGE（ジェイ・ステージ）】　https://www.jstage.jst.go.jp/
　国立研究開発法人科学技術振興機構（JST）が構築した「科学技術情報発信・流通総合システム」。さまざまな学協会が発行している学会誌，論文誌の電子化した論文にアクセスすることができる。

【CiNii Articles（サイニィ・アーティクルズ）】　http://ci.nii.ac.jp/
　日本国内で発行されている学会誌・紀要論文・学会発表抄録について，著者名や論文タイトルなどから検索が可能。なお，雑誌名から検索する場合は，ページ左下部にある「収録刊行物について」を使用するとよい。

注）2017 年 3 月の国立情報学研究所電子図書館（NII-ELS）事業の終了に伴い，一部のサービスが中断されていたが，2017 年 4 月 10 日より，学協会との調整が必要な論文を除き，ダウンロード機能を含む従前通りのサービス（PDF による本文提供）が再開されている（2017 年 7 月現在）。

〈英語論文〉

【Google Scholar（グーグル・スカラー）】　http://scholar.google.co.jp/
　日本語論文も含めて，さまざまな領域の学術論文をキーワードや著者名で検索できる。

【PubMed（パブメド）】　http://www.ncbi.nlm.nih.gov/pubmed/
　医学系データベースであり，心理学関係の論文も多数収録されている。

【Web of Science（ウェブ・オブ・サイエンス）】　http://apps.webofknowledge.com/
　世界最大の文献データベースの一つで，論文タイトル・著者名・雑誌名・著者所属機関などの情報から必要な文献を検索できる。引用情報をもとにした検索や分析ができることも特徴の一つである。

てオンラインのデータベースサイトを利用することがあげられる。表 1-1 に示した**文献検索**のためのデータベースサイトは基本的に無料で利用可能であり，先行研究の学術論文を検索する際に有用なものである。キーワードを用いた検索などにおいて，たとえば「尺度」「テスト」「検査」「開発」「作成」「信頼性」「妥当性」「scale」「measure」「test」「assessment」「development」「construction」「reliability」「validity」などを組み合わせて使用することで，先行研究の中から心理尺度を開発しているものを見つけることができるだろう。
　データベースの検索結果には，全文を無料で読めるもの，要旨のみ無料で全文は課金されるもの，タイトルのみ収録されているものなどが混在している。

第 I 章　心理学における調査法　　9

インターネット上において無料で閲覧できる文献は，あくまですべての情報の
ごく一部にすぎない。気軽に目に見える範囲がすべてであると勘違いしないよ
うに気をつける必要がある。データベースで検索した結果には，さまざまな種
類の文献が混在している。それらの違いと特徴を表1-2に示した。

　学会誌論文や学術雑誌論文の多くは，最先端の研究知見の速報としての側面

表 1-2　データベースサイト検索における文献の種類とその特徴

【学会誌論文・学術雑誌論文（journal article）】
　学会・協会・出版社などが発行している論文雑誌。「査読（peer review）」と呼ばれる学術雑
誌に投稿された論文を同分野の複数の専門家が読み，その内容を評価・審査したうえで掲載の可
否が決定されるシステムを採用しているものが多い。
＊たとえば，心理学研究，教育心理学研究，社会心理学研究，パーソナリティ研究など

【紀要論文】
　大学や研究所等の組織・機関が独自に発行している論文雑誌。査読のないものが多い。雑誌名
に「紀要」という言葉や大学・組織名が入っているものもあれば，そうでないものもある。
＊たとえば，
　　関西学院大学心理科学研究　：関西学院大学心理科学研究室の紀要
　　人文論究　　　　　　　　　：関西学院大学文学部の紀要
　　関西学院大学社会学部紀要　：関西学院大学社会学部の紀要
　　対人社会心理学研究　　　　：大阪大学大学院人間科学研究科対人社会心理学研究室の紀要
　　神戸女学院大学論集　　　　：神戸女学院大学研究所の紀要

【学会発表抄録集・学会発表論文集（proceedings）】
　学会の年次大会におけるポスター発表や口頭発表の内容をまとめたもの。1〜2頁といった非
常に短いものが多い。内容の審査はまったくないか，あるいは簡易なものであることが多い。学
会発表は最新の研究成果の速報や経過報告の意味合いをもつ。研究成果が論文や書籍にまとめら
れるまで時間がかかる場合，学会発表抄録集は貴重な文献となる。ただし，学会発表には試験的
な方法による研究や十分に再現が確認されていない結果も含まれているため，その内容や結論は
慎重に受け止めなければならない。
＊たとえば，日本心理学会大会発表論文集，日本教育心理学会総会発表論文集

【学位論文要旨（dissertation）】
　博士学位論文（まれに修士学位論文・専門職学位論文など）の内容を簡潔にまとめたもの。特
に，海外の論文データベースでは散見される。要旨には詳細な情報が記載されていないため，内
容を詳しく知るためには学位論文が提出された大学へ赴いて直接閲覧をしたり，著者にコンタク
トをとって情報を提供してもらう必要がある。

をもっているため文字数や紙幅の制約が厳しいこともある。また専門性の高い読者の興味関心に焦点の合った論文を厳選して掲載しなければならないという都合もある。それに対して，紀要論文は，発行元の比較的自由な裁量に基づいているため，文字数や紙幅の制約がそれほど厳しくないことが多く，掲載論文の趣旨にそれほど一貫性を求めないこともある。そのため紀要論文は，記述的で膨大な情報を詳細に報告するのに適しており，事例報告（ケーススタディ），観察法や面接法で得られた一次資料的データ，特定の研究者の生涯を追った伝記的資料，質的研究の成果なども掲載しやすい。さらに，発行元の大学や組織に関連した特定のフィールドや特殊なサンプルに関する研究報告書や，助成を受けた研究プロジェクトの学術報告書，または組織内外に向けて所属メンバーが専門とする研究内容を紹介するという役割を果たすこともある。

　ここまで紹介したデータベースサイトを利用する方法以外に，既存の心理尺度と出合う手段として，専門の Web サイトを利用する方法や専門書籍を参照する方法がある。その例を表 1-3 としてまとめて示した。

　心理学関連の総合的な辞典やハンドブックといった書籍の中には，特定の心

表 1-3　データベースサイト検索以外の方法例

【専門の Web サイトを利用する方法】
　心理尺度の開発や使用頻度が高い心理学関連の学会誌の一つとして，「パーソナリティ研究」があげられる。発行元である日本パーソナリティ心理学会は，これまで学会誌上で発表された心理尺度の一部を「心理尺度の広場（http://jspp.gr.jp/doc/scale00.html）」と題されたホームページ上で紹介している。心理尺度の使用マニュアルや掲載論文の情報など，比較的詳細な情報までまとめられている。
　三重大学教育学部教育心理学研究室は，質問紙などによる研究利用を目的として独自に作成した「心理尺度データベース（http://www.minamis.net/scale_search/mpsbmain.html）」を公開している。複数の学会誌論文や紀要論文，書籍上の掲載事項まで幅広い情報が含まれている。あくまで心理尺度が掲載されている論文や出版物などを検索するシステムであるため，心理尺度の具体的な内容はもとの論文や出版物を参照する必要がある。

【専門書籍を参照する方法】
　既存の心理尺度の情報をまとめた書籍も出版されている。サイエンス社の『心理測定尺度集』のシリーズは I 巻から VI 巻まで刊行されており，数多くの心理尺度の内容と元論文の情報がオンラインでも（http://finnegans-tavern.com/hce/scales.html）紹介されている（堀・山本，2001 など）。

理的構成概念の測定方法に焦点が絞られ，多数の既存測定尺度を紹介する章が掲載されていることがある。また「心理査定」「アセスメント」といったタイトルの冠せられた専門書やハンドブックの中には，臨床や実践の場面で有用な測定ツールがまとめて紹介されているものが多くある。

　調査法に限らず，どのような研究法を用いる際でも，実証研究を行なううえで重要なことは，さまざまな学術的な情報を入手し，科学的手法に基づいて研究のアイデアを生み出し，研究目的を考え，研究計画を立案することである。研究にとってアイデアは命だといえるが，独創的な研究を生み出すためにも先行研究を精査することは，新しい研究の着眼点や発想のヒントとなるとともに，重要な情報源と基盤になるといえる。

調査法の歴史：IQ と人種差別・偏見

　心理尺度の歴史的ルーツを省みるうえで，知能テストの話題を避けて通ることはできない。19世紀から20世紀初頭，人種の違いを進化的な優劣の差だとする誤った人種観が支配的勢力の後押しとなった時代に，知能は頭骨の大きさ・形を測定指標とされ，文化人類学をはじめとしてさまざまな反論を産んだ。その反省として当時すでに移民大国であったアメリカでは，1917年，つまり第一次世界大戦中に米軍式知能テスト，すなわち知能検査（test for innate intelligence）を，陸軍新兵の階級分けに用いた。

　この知能テストでは，当時の欧州北部諸国の生活を前提とした項目（たとえば，「絵図に欠けているものをあげよ」という問に対し，ボーリングの玉が転がっていないボーリング・レーンや，ボールが飛んでいないテニス・コートの絵図など）が含まれていた。この後，知能テストの得点は大規模に民族間比較に用いられ，移民受け入れ政策に応用されることで問題を引き起こす。すなわち，欧州北部からの移民が，欧州南部および東部からの移民よりも優遇される制度が導入されたのである。半世紀後，「ベル・カーブ」（釣り鐘曲線，すなわち正規分布）という本で，心理学者のヘアンスタインとマレイ（Herrnstein & Murray, 1994）は知能の民族的な遺伝の可能性について言及し，物議を醸した。双生児研究や時系列データが積まれてきた現在では，知能テストの得点を左右する要因として親からの遺伝も素因としてゼロではないことは示されているものの，民族性よりは教育や環境の影響が強いことが示されている。これらの倫理的，思想的，実証的な論議が教えてくれるのは，心理尺度で測定される概念とは，あくまで特定の理論的前提と刺激・反応を用いたかぎりで得られる個人の違いなのであり，その信頼性や妥当性，現実世界における含意と利用法は，その政治的な含意も含めて常に更新されていく必要があるということである。特に，人間は自文化の前提には容易に気づくことが難しく，それゆえ，項目や測定方法に，いかに社会・文化的前提があり（紙と筆や抽象的な図柄で問が理解できるということも義務教育を前提としている），それらが測定結果に不当なバイアスを生じさせていないか精査し続ける必要がある。さまざまなデータを蓄積しながら比較の科学性を検討する努力を怠ってはならない。

概念的再現研究

　調査法には，さまざまな強みと弱みが存在するが，調査法でも実験法でも仮に同じ理屈で説明できる一つの心理現象が存在すると考えると，実験法など他の方法と組み合わせて調査法を実施することで，より多面的で信頼性の高いデータ収集が可能となる。その良い例として，アメリカ南部の「名誉の文化」に関する研究を紹介したい。ニスベットとコーエン（Nisbett & Cohen, 1996）は，アメリカ南部の諸州は，北部に比べて，「侮辱されることに対する攻撃行動（名誉を守る行動）が容認される文化がある」と考え，この現象について調査と実験の両方の方法を用いて検討した。彼らは調査として3種のデータを用いた。なお，ここで紹介する調査データは，一般的にイメージする心理尺度を用いた調査とは違って，公的な情報を収集したり，架空の就活書類を用いて実験的に調査を実施するなど，調査法としても興味深い工夫が凝らされている。その意味でも，調査法は単なる心理尺度を用いた測定法ではなく，さまざまな工夫と他の研究法との組み合わせが可能であることを過去の研究例を参照しながら理解してほしい。

　ニスベットとコーエン（Nisbett & Cohen, 1996）は，調査研究として，まず北部と南部で裁判所の公式記録を比べた。具体的には，単なる殺人に対する刑の重さと，侮辱などの口論が原因で生じた殺人に対する刑の重さを，南北で比較した。その結果，侮辱による殺人は，南部で軽い刑になりやすいことが明らかにされた。また，国勢調査に含まれるある教育価値観を問う項目についても南北で比較した。この項目は，「もし自分の子どもが皆の前で喧嘩をして負けて帰ってきたとしたら，親なら何と言って聞かせるのがよいか」という内容で，回答の選択肢は，「喧嘩の相手を避けるように言う」または「やり返すように言う」というものであった。この項目に対する反応についても南部は北部に比べて「やり返す」を選択した割合が多かった。さらに，就職活動中の学生を装った申請書を北部と南部の会社に送付し，面接の許可が得られる確率について比べた。実は，この申請書にはある操作が施されていた。それは，半数の申請書には，過去に窃盗の罪で逮捕された経歴があること，もう半数の申請書には，侮辱した相手を殺害した罪で逮捕された経歴があることが書かれていたのである。ここでも，南部の会社は北部の会社に比べて，侮辱に対する殺人の経歴がある架空の学生の申請書に対して面接を許可する返信を多く行なっ

ていたのである。

　次に実験として，ミシガン大学に通う北部と南部出身者（全員，白人系男性を実験対象者とすることで性別と人種を統制した）を対象に，実際に実験室で侮辱された状況をつくり出し，そのときの生理反応と攻撃行動について測定した。具体的には，最初の実験室で採血を行ない，その後，次の実験室に移動する間に，通りすがりのサクラが実験参加者に肩をぶつけて「asshole!（ばか野郎！）」と告げるというもので，知らない他者（サクラ）から暴言を投げかけられた直後にも採血をし，実験参加者の血中のテストステロンを測定した。そして，その後，再び自分を侮辱した相手に遭遇するという状況を設定し，その際にどこまで相手に道を譲らないで直進するか（最終的に最も近づいた状態での実験参加者とサクラの距離）を測定した。これらの採血による反応と行動の両方の従属変数において，南部出身者のほうが北部出身者に比べて，攻撃的だ（テストステロンが上昇し，ぎりぎりまで道を譲らない）という結果が示されたのである。

　これら一連の研究結果は，調査法と実験法という手法の違いも含めて，かなり異なる対象者やさまざまな行動を測定している。しかし，一見，かけ離れているように感じる研究内容であっても，「侮辱されることに対する攻撃行動（名誉を守る行動）が容認される文化がある」という説明をされることで，同じ原理原則で一つの心理現象が生じているという両方の研究内容の共通性を理解することができる。

　このように，調査法と実験法を組み合わせることによって多面的なアプローチが可能になる。このことは，たとえば，実験法という手法を用いることによって調査法の弱みが補強され，双方の手法を用いた研究から得られた知見の科学的根拠がより確実なものになることにつながる。個々の研究は独立した内容であっても，それらの測定結果が共通する一つの説明原理に集約されることがあるが，このような研究は**概念的再現研究**（conceptual replication）と呼ばれ，心理学の理論における強い根拠となる。

調査法に関する諸問題

　調査法を用いて研究を行なおうと決めても，どのような対象者に，どのくらいの数，どのような手法で調査を実施するのかなど，さまざまな問題を考えなければならない。調査は，データを収集することが主の目的ではあるが，他にも調査実施前に行なうべき対象者からの同意の確認やデータ収集に関する留意点の説明，データ回収後の対応など，研究者として果たすべき責務や厳守すべき倫理的問題がある。本章では，調査法に関する諸問題について見ていこう。

1節　サンプリングの問題

　調査法に限定した話ではないが，研究方法を検討するうえで，データの対象者の選定は重要である。たとえば，日本人の20歳の人たちの意識について調査をしたいと考えた場合，本来であれば（理想的には），日本人で現在20歳である人すべてが対象者（**母集団**）となる。とはいえ，実際問題，日本人の20歳の人すべてを対象に研究を行なうことはきわめて難しい。そこで，調査対象となる母集団から一部の**サンプル（標本）**を抽出し，調査を実施する。このように母集団からサンプルを抜き出すことを**サンプリング（標本抽出）**という。

サンプリングにはさまざまな方法がある。大きくは「**無作為抽出法 (random sampling method)**」と「**有意抽出法 （purposive selection method）**」に二分できる。無作為抽出法とは，調査対象者を母集団からランダム（無作為）にサンプリングすることであり，**ランダムサンプリング法**とも呼ばれる。代表例としては，厚生労働省の国民生活基礎調査や国民健康・栄養調査，各種の社会調査や世論調査などがあげられる。しかし，無作為抽出法では，さまざまな条件を含めて均一に偶然にデータを得る必要があるため，大きなサンプルサイズが必要であり，実際の調査では，完全に無作為抽出で対象者を選定することは難しい。このような事情を含めて，実際に心理学の研究で多く採用されている方法は，有意抽出法だといえる。

　有意抽出法とは，無作為抽出法とは反対に，母集団をできるかぎり代表すると考えられる調査対象者を，研究者が意図的に選出する方法である。たとえば，ある地域に住む小学生の子をもつ親の意識について調査をしようと考えた場合，新聞やチラシを使って親を募集したり，ある塾に通う子どもの親に調査を依頼したり，小学生と一緒に歩いている親に街頭で声をかけるなど，研究者の主観で典型的だと思われる親を選び出す方法である。意図的，主観的と聞くと"好ましくない"方法という印象をもつかもしれないが，決してそうではなく，研究目的に照らし合わせて，想定する母集団を可能なかぎり代表していると考えられるサンプルを選び出すように努力することが前提となる。もちろん，調査を実施する際にはサンプリングを留意したつもりでも，実際にはサンプルに大きな偏りがあるなど想定外の要因が生じることはある。有意抽出法では，サンプルの特性を考慮したうえで得られたデータ結果について過度な一般化を行なわないように適切に解釈する必要がある。

　サンプリングを検討する際，当然，サンプルサイズについても考えておく必要がある。抽出した一部のデータ結果が，母集団を代表するようなデータとして解釈できるためには，たとえば，サンプルサイズが小さすぎると誤差が大きいため，結果の解釈が難しくなる場合がある。調査研究でのサンプルサイズの決定要因についてはさまざまな考え方があるが，代表的なものとして，「**許容誤差**」と「**信頼レベル**」という指標がある。許容誤差とは，得られたデータ結果が，母集団からどのくらい誤差がある可能性があるかを表わす指標で，数

表 2-1 「許容誤差」と「信頼レベル」から算出した必要なサンプル数（例）

母集団のサイズ	許容誤差			信頼レベル		
	1%	5%	10%	99%	95%	90%
100	99	80	50	88	80	74
1,000	906	278	88	400	278	215
10,000	4,900	370	96	623	370	264
100,000	8,763	383	96	660	383	270

値の大きさが「母集団の実態からのずれ」の大きさを意味する。一方，信頼レベルとは，サンプリングしたデータの一つが，どのくらいの確率で許容誤差内の結果であるかを表わす指標で，数値の大きさが信頼度の高さを意味する。たとえば，表 2-1 の信頼レベル 90％であれば「100 人中 90 人」，信頼レベル 95％であれば，「100 人中 95 人」は許容誤差内の結果ということを意味する。表 2-1 で説明をすると，仮に，母集団が 1,000 人であるときに 95％の信頼レベルを保つためには 278 人のサンプル数が，母集団が 10,000 人であるときに 95％の信頼レベルを保つためには 370 人のサンプル数が必要になる，という意味である。表 2-1 に，許容誤差と信頼レベルの指標をもとに算出した必要なサンプルサイズの例を示した。このように，調査研究において必要なサンプルサイズは，母集団のサイズと誤差範囲をどのように設定するかによって異なるため，研究目的と調査実施上のさまざまな条件や制約（たとえば，調査にかけられる費用，時間等）を考慮したうえで，適宜決定するのが一般的である。

2 節　調査方法の問題

1 節のサンプリングの方法を決定したら，次にどのような方法で調査を実施するかを考える必要がある。調査方法にはさまざまな種類があるが，大きくは「個別」あるいは「集団」という実施方法の違いから二分できる。

「個別」調査の例として，対面で行なう**「面接調査」**がある。これは，調査

実施者が調査対象者と直接面接しながら調査票に従って口頭で質問をし，回答を記録する方法である。調査対象者を直接確認できるため，本来の対象者ではない人が回答するといった代理回答が生じにくく，面接の段階までいたれば回答の意思があることが多いため，回答率も高いことが強みである。一方，弱点としては，調査実施者が必要となるため，実施にあたって時間や労力，人件費等のコストがかかることがあげられる。また，調査実施者が複数いる場合は，個々の調査実施者によって応対や個性，面接スキル等の違いが結果に影響する可能性もあるため，綿密な面接マニュアルを作成して実施方法を統一するなどの工夫が必要である。この他，直接対面ではないが，調査実施者が調査対象者に電話をして，その通話から回答を記録する「電話調査」もある。

　個別調査のうち，対面せずに調査対象者が調査票を持ち帰って回答する手法として「留置調査（とめおき）」がある。これは，調査実施者が調査対象者に調査票を渡した後に，一定期間，留置き，その間に調査対象者が調査票に記入をして，後日回収するという方法である。留置調査は，面接調査と違って面接を行なう調査実施者は不要なので，調査に要する手間や時間，費用等のコストがあまりかからず，回収時には再度，調査実施者が回収するため，比較的回収率も高いことが長所である。一方，調査対象者が回答した状況等が把握できないことや代理回答，記入ミス等が生じる危険性が短所としてあげられる。この他，調査票を郵送で配布・回収する「郵送調査」（第 14 章参照）やインターネットを利用して Web 上で質問項目に対して回答する「オンライン調査」（第 10 章参照）もある。近年では，紙媒体ではないオンライン調査は，簡便さゆえに急増しており，調査対象者は回答することでポイントを得るというシステムを用いたオンライン調査を行なう企業も多く存在している。しかしながら，オンライン調査での回答者の中には設問を適切に読まない人たちが少なからず存在しており，他の調査法に比べると，その割合の高さが懸念

各調査法の強みと弱みを考えて方法を選択する

第 2 章　調査法に関する諸問題

されることから，調査実施者は事前にオンライン調査で生じやすい問題や回答傾向を把握したうえで適切な対策を行ない，信頼性の高いデータ収集を心がける必要があるという指摘もある（三浦・小林，2015a, 2015b）。このようにオンライン調査は，データの信頼性を確保するということが重要な課題の一つであることは事実であるが，調査実施者がオンライン調査で起こりうる弊害を十分に理解し，それらを防ぐための対策ができれば，これほど便利な手法はないと考えることもできる。今後，オンライン調査が心理学の新たな調査法として確立されるためにも，信頼性の高いデータ収集のための工夫と対策がさまざまなかたちで検討されていく（べき）であろう。

　「集団」調査については，たとえば，対面で行なう**「集合調査」**がよく用いられる。大学の講義などの調査対象者が1か所に集まっている場で（あるいは1か所に調査対象者に集合してもらい）いっせいに調査を実施する方法である。この集合調査は，調査日時や状況等，調査方法を統一でき，少ないコストで多くのデータを回収できるメリットがある。しかし一方で，（母集団の多くが集合しているという状況の場合は問題ないが）調査時に集まることが可能な人のみを対象とすることが，母集団を代表するデータといえるかどうかという点で弱点もある。

　このように，調査方法にはさまざまな種類があるが，どのような方法を選ぶかは研究目的やサンプリングによって異なるため，各調査方法の強みと弱みやコストパフォーマンスを考えたうえで総合的に判断することが重要である。

3 節　研究倫理に関する問題

1　倫理的同意：インフォームド・コンセント

　心理学における研究（実験，調査，観察，面接や事例研究等）のすべては，研究対象である参加者に対して**倫理的同意**を得ること，すなわち**インフォームド・コンセント**（informed consent；十分な説明を受けたうえでの同意）を行なわなければならない。これは，研究への参加は任意であり，研究者と調査対象者の関係は，時に参加者の自由意思を犯すことができる構造をもちうる

こと，そして，それによってすべての研究が依って立つ人間のための科学という目的を見失わないようにするためである。倫理的同意には，研究責任者の所属・名前・連絡先，参加する研究内容の概要（特に，参加者に求められる作業の内容）の説明，参加することによる参加者へのメリットとデメリット，参加することで失われる参加者の時間の補填方法，回収方法，データの分析方法・保存方法・辞退方法・発表方法・還元方法・破棄方法，研究の倫理的正当性を認めた第三者委員会の名前とその連絡先が明確に説明される必要がある。また，参加するか否かの判断は，参加者の完全な自由によって行なわれなければならない。同意の際は，参加者自身のサインとサインした日付，もしくは能動的な参加意思を示す証拠（たとえば，オンライン調査において「参加」ボタンを押すことが調査への同意を示すことを教示してから，ボタンを押させるなど）を得ることと，同意内容のコピーを参加者の要望に応じて適宜渡すことを忘れてはならない。

　一口に上記のように言っても，その具体的な内容はよく理解されていないことが多い。よく見られる誤解は，「参加者へのメリット」と，「参加者の時間の補填」を同一視することである。ある参加者を1時間の調査に参加させ，その「参加報酬」を，たとえば，図書カードやQUOカード等の商品券とすることはしばしばあるのではないだろうか。仮に，1時間あたりの参加と商品券が等価だとしても，これは時間の補填方法であってメリットではない。メリットとは，実験に参加することで得られる心理学の知識や，信頼できる研究結果のためのデータの一つとして社会貢献することなどである。また，「デメリット」とは，不快な質問や個人的に立ち入ったことをたずねる項目が含まれる調査の場合は明確であるものの，通常の範囲での実験・調査の場合は一見考えにくい。それでも，デメリットは同意書に書かなければならない。たとえば，この場合は，「デメリットはほぼないと予想されるが，参加者によっては感じ方が異なるかもしれないので，続けることに不快を感じた場合は途中で辞退することができる」ことを明記しておく。なお，このような途中離脱の場合でも，「参加者の時間の補填」は行なわなければならない。

　また，データの辞退方法についても説明しておく必要がある。これは仮に参加者が，研究に参加した後で自らのデータを分析に用いられたくないと事後的

に判断した際に，これを許可する説明のことを指す。参加者の自由な権利として，データを事後的に辞退することは許されており，これが可能であることを明記する。

　参加の判断が「完全に自由」であることは，実質的にはなかなか難しい。たとえば，ある学生が，調査に参加するつもりなどなく出席した授業の終了5分前に調査の依頼をする先輩学生が登場し，講義担当の先生と一緒に「ぜひ協力してほしい」などと依頼された状況で，「完全な自由」があるといえるだろうか。このような場合でも，講義やその成績評価と調査の依頼との関係性を明らかにしたうえで，調査に参加することのメリット・デメリットを説明し，さまざまな制約がない状態で調査への参加を決めることができるように配慮することが求められる。また，厳密に「完全な自由」を確保しようとした場合，同意書を読み，内容を確認した段階で参加しないことを選んだ（＝デメリットが大きいと判断した）参加者に対しても，たとえば実験室などに足を運んでいることですでに個人的な時間を費やしている場合などは「参加者の時間の補填」は行なわなければならない。調査では実質的にこのような状況に直面することは稀であるが，参加の是非を判断する前に，すでになんらかの拘束を要求しているということはありうる。この場合は，この参加者が実験・調査に参加しない（＝データが得られない）としても，「参加者の時間の補填」が求められるので注意が必要である。

　実質的には，これらの問題の解決には組織的な制度の整備：実験・調査参加報酬付与システムの整備が不可欠である。たとえば，関西学院大学心理科学研究室では，オンラインで研究参加募集と登録が行なえるシステムと，学生の研究参加への報酬として指定科目の評価加点に利用できる「実験参加証」システムを運用している。また，教育・研究機関においては，学生が類似した実験や調査に繰り返し参加することで，動機づけの低下や，反対に，実験や調査に慣れることによるバイアスが生じる恐れもある。このような場合，調査であれば，同じ項目を共有する研究者同士が協力して合同調査を行なうなど，工夫が必要である。

22　　第Ⅰ部　調査法の基礎

2 デブリーフィングと調査データの回収

　研究が終了したら，参加者に対して研究の手続きや内容をすべて説明し，参加者にとってなんらかの不都合や心身の苦痛等がないかどうかを確認する必要がある。これを心理学では**デブリーフィング（debriefing）**と呼び，理想的には参加者が研究を行なう前の心身の状態にすることが望ましい。時に，研究目的によっては，参加者に虚偽の情報や教示を与えることがあり，これを**デセプション（deception）**と呼ぶ。このような"虚偽・隠ぺい"を含む研究を実施した場合は，研究終了後に研究の目的や方法，デセプションを行なう必要があった理由を含めて研究の意義を含む丁寧な説明を行ない，あらためてインフォームド・コンセントを得なければならない。このような場合は，研究終了後の詳細説明の後にあらためて研究データの扱いを含む「同意」について丁寧に確認する必要がある。

　データの回収方法は，特に参加者に能動的に持参させて回収するような調査の場合には，回収場所の特徴や，回収場所までの地図を具体的に掲載する必要がある。回答をしたうえで，回収方法がわからずに回収できないデータが生じてしまわないように配慮すべきである。

3 プライバシーの保護と守秘義務：データの分析，保存・管理

　研究者は，研究をとおして知り得た個人情報に対して守秘する義務がある。研究によって得た研究データは，参加者の匿名性を保証し，同意を得た研究目的以外に使用してはならない。

　データの分析方法では，収集から発表までの間に，どのように個人が特定されないデータ処理を行なうかについて説明することが重要である（研究の本質的な分析方法の説明は不要である）。たとえば，心理学研究では一般的に記述統計的な情報（平均や標準偏差，クロス表など）をフィードバックすることが多く，個々人の参加者の得点を計算し，参加者ごとに異なるフィードバックを行なうことはごく稀である。この一般的な分析を行なう場合は，データの分析方法が「全体的な傾向」「平均的な特徴」を扱うものであることや，「個人のデータを取り上げるものではない」ことを明記しておく。この説明は，特に平均値と個々の事例の区別をつけにくい一般人や，詐欺被害が多い層を対象とした研

究では丁寧に説明する必要がある。

　データの保存方法では，収集したデータが，いかに情報漏洩を防ぐような配慮のもとに保存される計画であるか説明することが重要である。パスワードロックのかかったパソコン，鍵のかかったキャビネットや部屋といった，最低限の漏洩防衛策を施した場所での保管がなされることを明記する。もう一つ重要な点は，保存期間中に個々人のデータに触れる可能性のある人間（たとえば，研究責任者，共同研究者，研究補助者などの名前）をリストすることである。

データは情報漏洩防衛策を施した場所で保管する

　なお，心理学の調査では，研究目的によっては参加者への再アクセスが必要な研究デザイン（たとえば，再検査信頼性，時系列データ，時間を置いた再調査など）を用いることがある。このような場合に，研究者が参加者の名前や，それと同等の個人情報である連絡先を個々人のデータと紐づけると作業が簡単である。ところが倫理的には，個々人のデータと名前を研究者が紐づけできてはいけない（研究者は，あくまで全体の傾向を知りたいので，個々人のデータが誰のものか特定する必要はない）。このような場合は，個々人のデータとそれに付与されたID（データの固有性を識別するためだけの名義）の対応関係と，IDと名前／連絡先の対応関係を別のファイルに保存しておき，研究者は前者のみを保持し，後者は，所属機関などが機密保持契約を交わした別機関が保存することが理想的である。この状態であれば，研究者は名前／連絡先を見ず，かつ，別機関の担当者に参加者らへの連絡を転送してもらうことで，再アクセスが可能になる。調査であれば，名前／連絡先はたずねずに再調査の際に同一人物であることが判明できる方法として，参加者本人しか再生できない暗号（たとえば，母親のひらがな名の最初の文字，電話番号の1桁め，などの質問群を用意する）を，参加者同士で偶然重ならないような質問・質問数を用いることで研究を行なう配慮が必要である。

　また，データの破棄方法とは，収集したデータを，一定期間の後に破棄する

方法のことである。重要なことは，破棄とは，復元できないよう，ローデータと集計データの両方について完全に消去すること（たとえば，調査票の融解，データ HDD の破壊など）である点である。一定期間がどの程度であるかについては，研究目的や手段，許可した倫理委員会や研究組織で定められた公式のデータ保存期間などに準拠することが多い。

4 研究データの公表：データの発表，還元

研究データをさまざまなかたちで公表する際には，先に述べた個人情報を含めて細心の注意を払わなければならない。また，データの捏造（ねつぞう）や情報の誤りは言うまでもないが，他の研究資料等を活用する際には剽窃（ひょうせつ）にならないようにも留意する必要がある。

データの発表方法とは，たとえば本や学術論文，学会発表といったかたちで，世の中に知見を公表する方法を説明することである。研究者の行なう研究であれば，出版物が主な発表媒体となるが，プロジェクトのホームページで公開されることも増えてきている。

データの還元方法，すなわち参加者へのフィードバック方法は，倫理同意書で説明されたうえで，実験・調査ごとに適した，かつ，できるだけ実験・調査から遅れないタイミングで行なわなければならない。実験では，多くの場合実験終了直後にフィードバックを行なうが，調査の場合は，収集に一定期間を要することが多く，コミュニティ・サンプルなどの場合は，早くても調査から1か月後にフィードバックがなされるということも多い。分析が入り組んでいる場合は，さらに時間を要するかもしれない。そのようなことが予測される場合は，仮説の結果や，一部データから概要をフィードバックする（詳細な結果が完成したあかつきには，ホームページで出版物の宣伝をするなど）だけでもよいので，できるだけ早く，同意書で説明した還元方法で参加者に結果を届けるべきである。

5 研究倫理委員会による審査と利益相反

近年，研究を行なう際に倫理的問題に関してルールや配慮が厳守されているかを審査する「研究倫理委員会（名称は各機関によって異なる）」が大学をは

じめ各研究機関に設置され，学会等でも学術誌の投稿条件として倫理委員会からの承認を義務づける傾向が高まっている。研究の倫理的正当性を認めた第三者委員会，すなわち倫理委員会は，研究責任者とその所属機関と利害関係がまったくないことが公に証明されている委員で構成されるものでなければならない。なお，実験・調査が倫理的に行なわれているかをチェックする機関による検査が公式に予定されているような機関では，その検査中に，検査員がデータに触れることが可能でもあるため，個々人のデータに触れる可能性のある人間に含める必要がある。

　研究倫理に関連して「**利益相反（conflict of interest：COI）**」についても留意する必要がある。利益相反とは，本来，公平に研究を行なわなければならない立場であるにもかかわらず，営利を目的とする企業や団体等との経済的な利益関係によって，研究における公平性が損なわれることを意味する。心理系の学会では，この利益相反について明示することは多くはないが，たとえば，日本健康心理学会では，学術誌や学会発表の抄録においても利益相反について記述することを義務づけている。日本健康心理学会の学会誌論文（'*Journal of Health Psychology Research*'）における執筆規程では，「著者全員は，投稿論文内容に関して利益相反のある金銭上あるいは私的な関係をすべて明らかにする。申告すべき内容がない場合は，論文の末尾に『利益相反自己申告：申告すべきものなし』と記載する。申告すべき内容がある場合には，××は○○株式会社から資金援助を受けている（社員である・顧問である）のように記載する」と明記されている。

　誤解してほしくないことは，利益相反に関する研究倫理は，利益関係自体が問題ということではない。重要なことは，なんらかの経済的な利益関係が存在することによって，本来守られるべき研究の倫理性や公平性，科学性が損なわれることなのである。たとえば，研究者がある企業から多額の寄付行為を受けており，その研究者が援助を受けた企業の意向に沿った，すなわち，その企業の販売促進につながるような研究成果（研究論文等）を公表したとする。この場合，研究者が事前にこの利益相反について明確に公表し，第三者が客観的に研究成果を含むさまざまな事実関係を判断できる状況であれば問題はない。つまり，研究を行なう者は，研究の実施や成果報告の際に，資金援助等の利益相

反に関する状況を公開し，透明性を確保するように対応しなければならない。利益相反に関する問題は，今後，心理学の領域においても研究倫理として明示する等の必要性が高まる可能性が考えられる。

　いずれにしても，研究を行なううえで倫理的問題について厳守すべき点，留意すべき点は非常に多い。これはいわば研究者として当然の姿勢であるが，公平で適正な判断のもと，実証研究が推進され，その成果がさまざまなかたちで個人および社会に還元されるために尽力することが心理学者に課せられた使命であることを忘れてはならない。

調査法の実習
「心理尺度をつくる」

　第2部では,実際にどのように心理尺度を作成し,調査を行なうのかという調査法の実習として「心理尺度をつくる」過程について,具体例を参照しながら心理尺度作成の一般的な作業の流れを解説する。心理尺度とは,個人の心理的傾向を測定する"ものさし"であり,いつどこで誰が測っても正しく適切に評価される必要がある。このような条件を満たす"ものさし"をつくるためには,さまざまな科学的基準に基づいた判断と検証が必要になる。第2部では,実際の研究例を見ながら,心理尺度が完成するまでの過程を学んでいこう。

何をつくるのかを考える：
測定概念の明確化と質的データの収集

本章では，調査において"測りたいもの"の概念や研究背景を理解し，"測りたいもの"の測定に用いる尺度について学んだうえで，それを明確にし，実際に測るための質問項目作成の最初の段階について見ていくことにしよう。

1節　構成概念とは

確かに〈こころ〉はだれにも見えない　けれど〈こころづかい〉は見えるのだ
同じように胸の中の"思い"は見えない　けれど"思いやり"はだれにでも見える

これは宮澤章二氏の詩「行為の意味」（宮澤，2010）の一部分を抜粋したものである。ここで言う"心づかい"や"思いやり"は，心理学でいう観察可能な行動を意味している。たとえば，落とし物を落とし主に渡したり，電車の中

で人に席をゆずる行動である。そして私たちは，観察可能な行動を説明するために，共感や心配といった"心"や"思い"の存在を想定する。これらはいずれも，直接目で見たり手で触れたりといったことができない。このように，それ自体は観察不可能でありながら，観察可能な事象を理論的に説明するために有用なものを**構成概念（construct）**と呼ぶ。

観察可能な行動を説明する観察不可能な"心"や"思い"を構成概念という

心理学の多くの研究において，心理的な構成概念を測定するために心理尺度が利用されている。尺度（scale）とは対象に数値を対応させる規則を意味しており，量的研究に欠かせないものである。**心理尺度（psychological scale）**と呼ばれるものには，いわゆる**感覚尺度（sensory scale）**も含まれるが，本章で中心的に扱うのは，質問項目への回答に基づいて心理的構成概念を測ろうとする"心理尺度"である。この意味において，「心理尺度とは，個人の心理的傾向（意識，感情，状態，態度，欲求，行動など）の程度を測定するために，その心理的傾向と関連する質問項目から作られた物差しである」（堀，2001）。心理的な構成概念は通常，抽象的で複雑な内容からなり，容易にとらえることができない。したがって研究者は，ある心理尺度が実際に目的を達成できるものか否かを科学的に検討しなければならない。そこで，この章では，心理尺度をつくる最初の段階として，構成概念の明確化と項目作成のための質的データの収集について説明する。

2節　測定内容の明確化

まず心理尺度作成の第一歩として，"測りたいもの"の概念やその背景について十分に理解する必要がある。「なぜその概念を測る尺度が必要なのか」について今一度考え，資料を集め，研究計画を立てていく必要がある。ここでは，

「心と体の健康は関係しているのか」という問いにアプローチする実習例の中で，「心の健康」と「体の健康」を測定する心理尺度作成を順に紹介していく。

　心理尺度を作成する際，多くの場合は 1 人で行なわず，複数人の研究グループのメンバーで行なう。これは，研究者がたった 1 人で項目を作成した場合は非常に偏りのある内容になる危険性が高いからである。まず項目案を出すにあたって研究グループ内で事前に必ず行なっておく必要があることは，お互いに「どのような概念のものを尺度化しようとしているのか」を正確に理解し，情報を共有しておくことである。先行研究をなるべく多く収集し，尺度を作成したい概念について共通認識を深める。この段階を疎かにすると，完成した尺度の妥当性，つまり「"測りたいもの" を測ることができているのかどうか」が揺らいでしまう。特に，尺度を作成しようとしている概念と類似した概念が存在し，そしてその概念を測定する尺度がすでに存在している場合は，「なぜ今から新たな尺度をつくる必要があるのか」を十分に議論すべきである。

　第 1 章でも紹介したように，先行研究は主に学術論文や著書から探す。学術論文はなるべく最新のものから自分の研究キーワードに合ったものを検索していく。また，心理尺度集を用いて自分が今から作成しようとしている尺度と類似したものはないか探してみるのもよいだろう。活用できそうな既存の尺度を見つけたら，必ず出典元の論文を読み，その尺度がどのような背景で作成され，また活用されているのかを確認しよう。概念や尺度内容そのものの資料になるだけでなく，尺度作成の手順や尺度作成研究論文の書き方についても，大いに参考になるはずである。

| 心と体の関係
を見てみよう ：**実習 1** | 本研究の目的は，「心と体の健康は関係しているのか」を明らかにすることである。私たちは「健康な状態」と

問われると，まず「病気のない状態」という「体の健康」を思い浮かべることが多い。しかし，たとえば世界保健機関（World Health Organization：WHO）が 1948年に発効した WHO 憲章の序文では，「健康とは，単に疾病や障害のない状態ではなく，身体的，精神的，社会的に完全に調和の取れた良い状態」と定義されており，このことは「健康な状態」には「心の健康」も含まれることがわかる。

　それでは，この 2 つの側面はどの程度関係するのだろうか。私たちの普段の生

活をふり返ってみると、たとえば朝起きて頭が痛いと気持ちも落ち込むといったことや、精神的にとてもショックを受けることがあれば胃痛が起こるといったように、両側面は強く関係しているように思われる。しかし、ちょっと立ち止まって考えてみよう。「心と体の健康」が強く連動しているのであれば、「体の健康」が失われていく「加齢」という現象によって、人はどんどん不幸になっていくのだろうか。シャイベとカーステンセン（Scheibe & Carstensen, 2010）の研究によれば、少なくとも70歳〜80歳までは、高齢者は若年者と比較して肯定的な感情を高く、否定的な感情を低く保っていることが明らかになっている。この矛盾はどういうことなのだろうか。ここからの実習では、「心」を主観的幸福感、「体」を身体的健康感として、それぞれの尺度を作成し、その関係性を見てみることにしよう。

3 節　項目作成のための質的データの収集

1　ブレーンストーミング

項目作成のための最初の段階として、測定したい概念に沿った項目案をできるだけ多く収集することが重要である。このとき、アイデアを出し合うために**ブレーンストーミング**という方法をとることが多い。ブレーンストーミングとは、集団メンバーでアイデアを出し合うことによってメンバー同士の相互作用が誘発され、より多くの創造的なアイデアを生成する手法である。ブレーンストーミングでは、以下の3点について気をつける必要がある。それらは、①相手のアイデアについて「間違っている」「正しい」といった判断をしない、②「良い」アイデアを出そうとする必要はなく、奇抜なアイデアであっても歓迎する、③できるだけ「多く」アイデアを出すことを心がける、である。

創造的なアイデアを生成するブレーンストーミング

次に、ブレーンストーミングで出てき

た項目案についてグルーピングを行ない，項目の選定を行なう。項目案の内容をよく検討し，まず意味が類似しているものをまとめていく。そして小さなグループがいくつかできたら，グループ同士の内容をさらに検討し，類似しているものをまとめていく。この作業を繰り返し，いくつかの大きなカテゴリーに分類する。このとき，作成しようとしている尺度の概念構成や仮説が明確にあるのであれば，それに従って分類する。概念構成が明確でない場合は，項目案の内容に従って探索的に分類していく。

| 心と体の関係
を見てみよう：**実習2** | 何人かでグループをつくって作業を進める例を考えてみよう。グループメンバーで「主観的幸福感」についての共通理解を確認した後，メンバー各々が「幸福な状態」あるいは「幸福でないと思う状態」についてアイデアを出し合った。思いついたアイデア（＝項目案）をポストイットに一つずつ書き出し，テーブルの中央に集めた。このとき，非常に類似したアイデアであっても，出されたものはすべて採用した。また，項目として言い回しを修正する作業は後で行なうため，この時点では言葉遣いなども自由とし，文章ではなく単語のみのアイデアでも採用した（たとえば，「おいしいご飯を食べたとき」「綺麗な空」「ペット」等）。その結果，約60分間で95個の項目案が収集された。

　次に，項目案を内容によってグループに分ける作業に移った。グループメンバーで一つずつ出された項目案の内容をよく読み返し，内容がほとんど同じであると判断されるもの（たとえば，「友だちに相談されたとき」と「友だちに悩みを打ち明けてもらう」など）を重ねていった。これらの作業によって小さなグループがいくつかできたら，今度はグループ同士の内容をさらに検討しカテゴリー同士をまとめ，最終的に自分自身の性格評価についてのカテゴリー（たとえば，「自信がある」「落ち着きがない」等）と，自分の存在に対する意義を感じているか否かについてのカテゴリー（たとえば，「人に頼られたとき」「生きがいが多い」等）の2つに分類した。

　「身体的健康感」についても同様の手続きを行ない，項目案が44個収集された。カテゴリー分類を行なった結果，健康的な活動を行なっているか否かを問うカテゴリー（たとえば，「日々の運動」「規則正しい生活」等）と，体質的な側面を問うカテゴリー（たとえば，「疲れやすい」「アレルギーがある」等）の2つの大き

なカテゴリーに分類された。

2 観察法・面接法

項目作成の土台となる質的データの収集方法として，グループでのブレーンストーミングや後述する自由記述法のほかに，"測りたいもの"の概念がどのようなかたちで存在するのかということを観察法や面接法を用いて検討することができる。観察法と面接法は研究法としては異なるが，ここでは，観察法で必要なスキルを含むかたちで実施される面接法を例にあげながら考えてみたい。

質的データ収集のための面接法では，まず研究者が"測りたいもの"の概念やその背景について十分に理解したうえで，面接ガイドを準備する。面接法は構造化の程度によって質問に関する柔軟性が異なるが，ある程度構造化し，それに従って対象者の発言を促す半構造化面接という方法が一般的によく用いられる。尺度の内容が特定の対象者に適応されるべきものである場合は，広く一般的な対象者から項目案を収集するよりも，特定の対象者から具体的な発言を収集し，それをもとに尺度を作成するほうがより尺度内容の妥当性が高くなる。面接法を用いることの強みは，個々の対象者から具体的な質的データをより多く得ることができるため，1つの概念の多側面を押さえた尺度を作成することができる点があげられる。また，対象が特殊な場合や，多くの対象者から一挙に質的データを収集することが難しい場合には，面接法によって個々の対象者からより詳しい質的データを収集する方法がとられる。

1対1の面接調査のほかに，複数人が対話形式で自由に発言をするフォーカスグループインタビューという方法も質的データを収集する手法としてあげられる。この方法を用いるメリットは，対象者と研究者の二者関係のみで展開される面接法と異なり，複数人の対象者同士での相互作用がより自由な発言を生む可能性があるという点である。そのために，目的から逸れた話題へと展開してしまう可能性もあるため，研究者は常に「"測りたいもの"に合った発話が展開されているか」ということに十分に気を配りながら進める必要がある。

| 心と体の関係 を見てみよう ： **実習 3** | 高齢者が若者から日頃, さまざまな場面でどの程度「感謝をされた」「受け入れられた」と感じているか（被 |

受容感）が, 高齢者の心理的発達に影響するかを調べた研究がある（Tabuchi, Nakagawa, Miura, & Gondo, 2015）。ここでは, その中で, 高齢者における若者からの日常的な被受容感の程度を測定する尺度を作成した部分を取り出して, 具体的に見てみよう。

まず高齢者の被受容感に関する先行研究を収集し, 特に「若者からの」被受容感の定義や, それを感じる場面, 状況について整理した。次いで, 質問項目案を収集するため, 半構造化面接のガイドを作成した。面接対象者が答えやすいよう, 1. 日ごろ, 若者と接する機会はあるか, 2. 若者と接していて相手から感謝されたり, 受け入れられたりした経験はあるか, 3. それはどのような場面か, 4. 若者の行動にどのように感じたか, といったように, 時系列に沿った質問を組み立てた。65歳以上の高齢者 32 名を対象に面接法による調査を行なった。面接で得られた発話データの逐語録を作成し, 自由記述法で得られた質的データとともに, そこから「若者から感謝を感じた, あるいは受け入れられたと感じた場面や状況」を抽出したところ, 125 の状況が抽出された。これらについてカテゴリー分類を行なったところ, 7 つの大きなカテゴリー（「専門的知識を伝授したとき」「伝統的な行事や料理を教えた時」「仕事上のアドバイスをした時」「若者のニーズに応えた時」等）に分類された。各カテゴリーから 1 項目ずつ尺度項目として採用し, 言葉遣いや言い回しを整え, 全 7 項目を作成した（「自分の専門知識や経験について, 若い人たちに話した時」「伝統行事や昔風の料理について教えた時」「若い人たちに仕事のアドバイスをした時」「困っている若い人たちを手助けした時」等）。回答に関する教示は, 「あなたは, これまでに以下の行動をした時, どの程度, 若い人たちに感謝されましたか」とし, 回答方法は「1. 全く感謝されなかった」から「5. いつも感謝された」の 5 件法とした。

3 自由記述法と文章完成法

項目作成のための質的データの収集方法として, **自由記述法**がある。これは, 与えた教示に対して, 回答者が思うままに回答を記述するデータの収集方法である。紙と筆形式の調査では, しばしば大きめの枠や空欄を用意して, そのスペースを回答者に自由に使わせることで記述を収集する。自由記述法で集めら

れたデータはそのままで分析を行なうことは困難である。そこで「**テキストマイニング (text mining)**」によって文章に含まれるキーワードの出現頻度や構文の構造を解析することや，文章全体として言及している内容を複数の評定者によって分類し，その分類の信頼性を複数の評定者で検討することで名義尺度として分析を行なえるようにする。

　この他，刺激文として未完成の文章を呈示し，その続きの文章を意味が通るように完成させる**文章完成法**という方法がある。これは，半構造化された投影法の一種であり，回答者の特徴が出やすく，さまざまな反応が収集できるため，質的データとして興味深い。しかし，自由記述法と同様に，得られたデータをどのように集約するのかという意味では分析が難しく，研究の仮説を得るための探索的な方法の一つとして位置づけることが多い。

Column 3

質的データのクロス表に基づく分析：双対尺度法

　心理学で扱うデータには，「質的」「量的」データがあり，そこには個人差や条件差などさまざまな要因によって生じる「ばらつき」がある。ここでは，質的データをクロス表によって数量化し，ばらつきの要因を解釈する**双対尺度法**を紹介する。

　心理学で行なう分析には，t 検定や分散分析に代表される条件と条件の比較を行なう「判断」を目的とした分析と，クロス表や相関係数，因子分析に代表される多くの変数間の関係や，それに基づく多変数の構造を単純化し，「縮約」を目的とした分析がある。縮約を行なう分析の最も基本的な分析は，クロス表（質的なデータと質的なデータとの関係を縮約した表）である。クロス表において，度数が大きいセルをもつ変数同士を近くに位置づける（このことを，クロス表の行列の相関を最大化するという）ことを行ない，さらに 2 変数以上の複雑なクロス表についても同様のことを統合的に行なえるようにした分析が「双対尺度法」と呼ばれる質的データの多変量解析である（西里，2007）。

　双対尺度法で行なうのは「変数の重みづけを見つける」作業であるが，現実の世界でいえば「見方を変える」際の手続きだと考えるとわかりやすい。たとえば，今あなたが大学の正門とその先にある時計台が自分から見て一直線上に重なっている場所に立っているという場合，あなたにとって正門と時計台は重なって見えるため，分散（ばらつき）は最小になる。一方，位置を移動して，あなたの左手の端に正門，右手の端に時計台が来るような場所に立った場合は，両者の分散は最大化する。このように，「視点を変えて正門と時計台を見晴らせる位置に移動すること」は，幾何学的には「分散を最大にするような変数の重みづけを見つける」ことを意味する。

　質的データを縮約する双対尺度法には，さまざまなメリットが存在する。一つは，少サンプルの分析が可能という点があげられる。双対尺度法は，あくまで得られたデータの中でのちらばりを縮約する手法であり，データを母集団から偶然得られた標本の一つだとは考えない。すなわち，良い推測の条件とされる大きなサンプルサイズを必要としない。これは少サンプルしか入手できない研究や，実際に得られた目の前にあるデータを重視する研究にとって大きなメリットとなる。

　双対尺度法のもう一つのメリットは，個人と変数の関係を散布図上に視覚的に把握することができるという点である。たとえば，一般的なデータ構造（Excel シー

トで，行に回答者個人，列に質問紙に含まれる各変数が入力されているデータ構造）に対して双対尺度法を用いた場合，このデータ構造をクロス表のようなものととらえなおせば，行と列の相関を最大化することは，「個人」と「変数」との間の関係が最も見晴らせるように，個人と変数の両方に重みづけをすることを意味する。つまり，「個人」と「変数」の相関を最大化することによって，たとえば，幸福度（変数）が高い人はどのような人（個人）か，といった個人と変数の関係を，質的データの情報そのままに統合的に調べることが可能になる。

　心理学には，ノンパラメトリック検定や，因子分析など，少サンプルを扱う分析や情報縮約を行なう分析はさまざまに存在するが，その両方を一度に叶える分析は稀である。ビッグデータや意思決定の重要性が叫ばれる昨今，データは大サンプル，分析は判断のための統計を越えて事前知識を応用するベイズ法などがますます重要視されてきている。しかし一方で，心理学の適用範囲がますます広がる昨今，クライアントから重要な知見を得ようとする実証的な臨床心理学，教室を対象とした教育心理学など，少サンプルの情報縮約が求められる場面はさまざまに存在する。手元のデータからすべての情報を用いることも，経験的科学として忘れてはならない。

項目をつくる：
質問項目の作成と内容的妥当性の検討

前章では，"測りたいもの"を明確にし，そこから質問項目を作成するための最初の段階を見てきた。本章では，具体的な質問項目づくりの段階として，質問項目の表現や形式，項目数の調整，回答形式の決定などを行ない，項目案の作成と内容的妥当性の検討について見ていこう。

1節　質問項目の作成と回答方法の選定

1　カテゴリー分類と項目の選定

第3章で紹介したさまざまな質的データを質問項目にするために，次の段階では，質問項目案をつくり，それを分類したカテゴリーから代表的な項目を選定する。このとき，アイデアとして出された項目案をそのまま採用するのではなく，より"ふさわしい"項目として，言葉遣いや言い回し（これをワーディングという）を工夫し，つくり直す必要がある。表4-1に，項目の選定と採用の基準の例を示したが，これらには最低限注意してほしい。

表 4-1　項目の選定と採用の基準（例）

【回答形式に合うたずね方になっているか】

　心理尺度には，さまざまな質問の回答形式が存在する。項目を採用する際には，質問文や回答形式に合致した言い回し，言葉遣いになるよう注意する必要がある。

・・・

【人によって違った解釈をされる言葉はないか，専門用語がわかりやすい表現になっているか】

　回答者の事前知識にばらつきがあるため，項目で用いる用語はなるべくわかりやすい言葉を使用する必要がある。専門的な用語などはなるべく使用しないようにし，また人によって異なる解釈をされやすい抽象的な表現は避けたほうがよいだろう。専門用語や抽象的な表現を使用しなければならない場合には，回答者が異なる解釈をしないよう，必ず教示文や質問文に説明を加える必要がある。

・・・

【2つ以上のことを 1 文でたずねようとしていないか：**ダブル・バーレルの問題**】

　1 つの項目に 2 つ以上の質問が含まれていないかを注意する必要がある。たとえば，「自分の性格や外見に自信がある」という項目があった場合，「自分の性格には自信はあるが，外見には自信がない」という回答者はどのように回答すればよいのかわからなくなってしまう。いくつかの項目案からなるカテゴリーから代表的な項目を選択する際，捨てがたい 2 つ以上の項目案を 1 つの項目に無理やりまとめようとしてしまうことがあるが，その際にはこの「ダブル・バーレルの問題」が起こっていないかを必ずチェックしなければならない。

・・・

【回答者が回答可能な内容となっているか】

　必ず回答者が回答可能な内容になっているかを確認しなければならない。広く一般的な回答者を想定しているにもかかわらず，特定の属性をもった回答者しか回答できない内容になってしまっている場合がある。たとえば，「学校の友だちと会ったときに幸せを感じる」という項目があった場合，「学校」に通っている回答者であれば違和感なく回答できるが，それ以外の回答者は回答できない。特に，尺度作成者のグループメンバーの属性が偏っている場合，このような内容の偏りに気づきにくいため，細心の注意が必要である。

2　回答方法の選定

　心理尺度の回答形式には，**単一回答法，複数回答法，順位法，一対比較法，強制選択法，評定法，自由記述法**などがある。表 4-2 には，回答方法の種類とその特徴を示したが，各方法にはそれぞれ長所・短所があり，データ収集後の分析方法も異なってくる。どのようなデータが収集できるのか，自分の研究目的に合致した回答形式はどれなのか，それぞれの特徴をしっかり把握したうえで回答形式を決定する必要がある。

表 4-2　回答方法の種類とその特徴（例）

【単一回答法】質問に対する回答を選択肢の中から 1 つだけ選択させる

Q1. 以下のうち，あなたが一番「幸せ」を感じるのはどれですか。1 つだけ○をつけてください。

1. おいしいものを食べたとき

2. 友だちと一緒にいるとき

3. 趣味活動をしているとき

4. 誰かの役に立ったとき

【複数回答法】質問に対する回答を選択肢の中から当てはまるものすべて選択させる

Q2. 以下のうち，あなたが「幸せ」を感じるのはどれですか。いくつでも○をつけてください。

1. おいしいものを食べたとき

2. 友だちと一緒にいるとき

3. 趣味活動をしているとき

4. 誰かの役に立ったとき

【順位法】複数の項目に対して強制的に順位をつけさせる

Q3. 以下の言葉のうち，あなたが「幸せ」を感じる順に 1 から 6 まで番号を付けてください。

（　）友だち　　　　　　（　）食事　　　　　　（　）家族

（　）趣味　　　　　　　（　）睡眠　　　　　　（　）笑顔

【一対比較法】選択肢をペアにして比較させ，選択させる

Q4. 以下の言葉の組み合わせのうち，あなたが「幸せ」を感じるほうに○をつけてください。

（友だち・食事）　　（趣味・家族）　　　（友だち・趣味）

（趣味・食事）　　　（家族・友だち）　　（食事・家族）

【強制選択法】強制的にいずれかの選択肢を選択させる

Q5. 以下のような意見が 2 つあります。あなたの意見はどちらに近いですか。

・一人で趣味活動などの好きなことをしているほうが，幸せを感じる

・友だちや家族など，誰かと一緒にいるほうが，幸せを感じる

【評定法】以下の質問に対して意味的に連続している選択肢の中から 1 つ選択させる

Q6. あなたは友だちと一緒にいるとき，どの程度「幸せ」を感じますか。以下の中から最もよく当てはまると思う番号 1 つに○をつけてください。

1. まったく感じない　　　2. あまり感じない　　　3. どちらともいえない

4. やや感じる　　　　　　5. 非常に感じる

┃心と体の関係
┃を見てみよう　：実習 4

「主観的幸福感」について出された項目案（第 3 章の実習 2 を参照）を，類似する内容に探索的に分類した。「自分が好きなほうだ」「自分に自信がある」「いつも気持ちに余裕がある」「何を

するにも無気力である」といった自分自身の性格評価についてのカテゴリーと，「生きがいがある」「自分は必要な人間だ」「生きていて良かったと思う」「居場所がある」といった自分の存在に対する意義を感じているか否かについてのカテゴリーに分類した。そして，この2つのカテゴリーから，それぞれ6項目ずつ選定した。

　項目を採用する際には，回答形式に対応する内容になっているか，項目内容に当てはまらない対象者が出ないか（たとえば，大学生以外にも配布するのであれば，「学校」や「大学」に限られた内容は避ける），項目の意図が明確に伝わりやすいか，項目内容が調査対象者のプライバシーを侵害するものではないか等に十分注意する必要がある。たとえば，同じカテゴリーの類似した項目案として「友だちに相談されたとき」「友だちに悩みを打ち明けてもらう」「人に頼られたとき」「サークル仲間に相談される」「役に立ったと思った瞬間」がまとめられており，この内容から1つの項目を選定する場合，「サークル仲間」といった対象者が限定される単語は避け，内容をより抽象的なレベルで考え（たとえばこの場合は，「誰かに必要とされていると感じること，誰かの役に立ったと感じること」があるか否かで，主観的幸福感を測る項目になる），言葉遣いを回答方法に合わせて修正し，「自分は必要な人間だ」という項目として採用した。

　回答に用いた教示は，「以下の項目について，あなたはどの程度当てはまりますか」というものであり，回答方法は「1. まったく当てはまらない」「2. あまり当てはまらない」「3. どちらとも言えない」「4. 少し当てはまる」「5. 非常に当てはまる」の5件法であった。その結果，表4-3に示した計12項目を「主観的幸福感」

表4-3　「主観的幸福感」に関する採用項目
　　　　（計12項目）

1. 自分が好きなほうだ
2. 自分に自信がある
3. いつも気持ちに余裕がある
4. 何をするにも無気力である
5. 自分は何をやってもうまくいかないほうだ
6. 毎日の生活に満足している
7. 充実した毎日を送っている
8. 生きがいがある
9. 自分は必要な人間だ
10. 生きていて良かったと思う
11. 居場所がある
12. 誰かの役に立っていると思う

表4-4　「身体的健康感」に関する採用項目
　　　　（計10項目）

「活動的な側面に関する健康」
　1. 普段からよく運動をする
　2. 食生活に気を配っている
　3. 生活リズムが乱れやすい
　4. 規則正しい生活を送っている
　5. 夜更かしをしない
「体質的な側面に関する健康」
　6. 風邪を引きやすい
　7. アレルギー症状が重い
　8. 体が弱いほうだ
　9. 疲れがたまりやすい
　10. 病気が治りにくいほうだ

を示す内容と考え，採用した。

　「身体的健康感」について出された項目案についても，「主観的幸福感」と同様の手続きで項目案が分類された。その結果，表 4-4 に示したように，健康的な活動を行なっているか否かを問う「活動的な側面に関する健康」として 5 項目，「体質的な側面に関する健康」を問う 5 項目の計 10 項目を採用した。「怪我をしている」「タバコをよく吸う」といった対象者の回答が偏ることが予想された項目は，採用しないこととした。

　また，たとえば主観的幸福感を測定するからといって，すべての項目を「5．非常に当てはまる」を選択した場合に「幸福」となる方向の表現にする必要はない。むしろ，そうしないほうが，あまり考えずに単純に回答する行動傾向を誘発せずにすむとも考えられる。表 4-3 で言えば，「何をするにも無気力である」「自分は何をやってもうまくいかないほうだ」は，「1．まったく当てはまらない」を選択したほうが「幸福」だということ意味している。このような項目を**逆転項目**という。

2 節　内容的妥当性の検討

　内容的妥当性（content validity）とは，心理尺度の質問内容が測定しようとする構成概念の全体を過不足なく必要十分にとらえているか否かを示すものである。内容的妥当性は理論的な考察や尺度作成の手続きに基づく点が大きい。

　統計的な処理を行なうわけではないため，尺度項目が含む語彙や表現，項目が導出されるまでの過程，測定の実施方法などの適切さを総合的に考慮して，複数の専門家による独立した判断や評価の一致をみることで，内容的妥当性を確かめることが可能である。

| 心と体の関係
を見てみよう ：**実習 5** 　「主観的幸福感」および「身体的健康感」について最終的な調査項目が出そろった後，それらの項目内容が，「本当に"測りたいもの"を測定可能な内容になっているか」を再度メンバー同士で検討した。項目案を出す前に確認した「主観的幸福感」および「身体的健康感」の概念について再度復習し，当初目的としていた概念を，最終項目が反映してい

るかについて十分な議論を行ない，必要であれば項目の言い回しや単語を変更・修正した。

　グループメンバーでの議論の後，「主観的幸福感」について専門的に研究している研究者により，再度，概念に関する説明の講義と，主観的幸福感に関する先行研究の紹介が行なわれた。グループメンバーで講義内容や先行研究に示されている概念を再度ふり返るとともに，項目内容の専門家によるチェックが行なわれた。

3 節　心理尺度の項目作成としての翻訳研究とその必要性

　心理学における調査法や質問紙等をあまり経験したことがないという初学者にとっては，翻訳研究自体になじみがなく，また翻訳をする必要性についても想定しにくいかもしれない。しかし，たとえば，日本人を対象にある研究をしようと考え，自分が測定したいと思う内容（概念）に関する心理尺度を探しても日本語の尺度が存在しない，という事実に出合うかもしれない。このとき，その概念に関する心理尺度が（世界中を探しても）存在しないのか，あるいは日本語の心理尺度が存在しないのかは区別する必要があるが，仮に英語での尺度が存在する場合は，それを日本語に翻訳することによって研究したい概念を測定することが可能になる。

　実際，翻訳研究は，文化という要因を考慮する必要もあるため，初学者にとっては難しく感じる側面も多い。しかし，心理学が人間の普遍的な心のメカニズムを解明する学問であることを考えると，さまざまな国や文化，言語の違いを超えて共通する知見を見いだす必要がある。心理尺度は言葉を用いるため，異なる言語を使う集団間で同じ概念を測定するためには，心理尺度の翻訳が必要になる。

　翻訳研究は，調査法の中では応用的な知識と技量を必要とするが，心理尺度を作成する段階での一つの関門でもある。心理尺度の翻訳について詳しく学びたい人は，本書の第 4 部第 11 章を参照いただきたい。

リッカート法

　リッカート法は，参加者に質問項目に対する自身の意見や態度，自分に当てはまると思う程度を，1: まったく当てはまらない～ 5: とても当てはまる，といった数量に置き換えさせて回答させる評定方法のことである。この方法は，リッカートが "All men who have the opportunity should enlist in the citizens military camps" という質問項目に対し，1: Strongly approve, 2: Approve, 3: Undecided, 4: Disapprove, 5: Strongly disapprove という選択肢で評定させた際に，その回答がソーンダイクの開発したシグマ法（カテゴリーデータの背後に正規分布する潜在的連続変数が存在すると考え，評定段階というカテゴリーデータがその現われであると想定する態度の測定方法）による態度測定の結果と非常に高い相関（$r = .99$）が見られたことをもって，妥当な簡便法として発表したものである（椎名，2016）。

　リッカート尺度は実施の簡便さから汎用されて今日にいたるが，それが態度測定に最適な方法であるか，また，測定後の分析に妥当な心理的数量を表わす評定方法であるのかといった妥当性については，基礎的な検討を行なう余地がある。リッカート自身も，1930 年代のアメリカの一大学の学生 100 名を対象とした政治・人種に関する態度（たとえば，黒人と握手をしますか？）に対するリッカート法の多肢選択回答の度数分布が正規分布に類似していることを示したうえで，リッカート法が態度測定について探索的な方法にすぎないことを認めている（Likert, 1932）。比較文化心理学においても，国際比較の基盤にリッカート法を用いることが反応スタイル（リッカート尺度などの態度評定において，質問内容に関係なく，特定の評定値を選んでしまうバイアスのこと。「どちらでもない」や，尺度の両極端を選ぶなど，いくつかのパターンが存在する）をはらむ懸念について検討した報告もあり（Oishi, Schimmack, Diener, & Suh, 1998），実は大きな基礎的課題ともいえる。今日の心理尺度は，その大半が「研究蓄積がある」という理由のみで盲目的にリッカート法を用いているが，はたして自身が測定しようとしている心理的概念が，この評定法を用いたときに妥当に数量化されているのか否かについては，実は概念ごとに検討の余地があるのだろう。

第5章
Chapter 5

調査票をつくる：
調査票の作成と調査の実施方法

　前章では，採用する質問項目の選定と，その妥当性の検討について見てきた。本章では，調査票を完成させ，サンプリングや調査方法を選定し，そしていよいよ調査を実施する。またその後，収集したデータを統計ソフトに入力するところまでを見ていくことにしよう。

1節　調査票の作成

　尺度の項目案が出そろったら，調査票を作成する。調査票は，できるかぎり読みやすく，回答しやすいものをつくる。どこにどの尺度を配置するのか，調査票全体のデザインやレイアウトはどうするのか，文字の大きさは適切であるか，調査対象者が心理学のアンケート回答に慣れていない場合も想定して，調査票を見ただけで回答者が誤りなく回答できるような調査票を目指す。これらの工夫をするかどうかは，収集されるデータの質に大きくかかわってくるため，調査法で留意すべきコツでもある。回答しにくい調査票を作成してしまうと，回答者の回答ミスや「手抜き」が起こりやすくなるため，欠損値の増加を高め

てしまう危険性がある。せっかくのデータを無駄にしないためにも，細部にまで注意を払い，丁寧に調査票を作成・完成させることが重要である。また，第1章でも述べたように調査の同意を得ることはもちろん，必ず倫理的な配慮を行ない，それらを調査票の表紙に記載する必要がある。

調査票が完成したら，必ず自分自身ですべての質問に回答してみてほしい。予備調査として知り合いや友だち（特に心理尺度を用いた調査にあまり慣れていない人）に回答してもらい，わかりにくい表現がないか，誤解されやすい内容がないか，回答しにくいレイアウトになっていないか，全体としてどのぐらいの時間がかかっているか，などを確認しておく。また，調査票全体の量があまりに多いと回答者にとって負担となり，回答者の「手抜き」や欠損値の増加につながるため，必要な測定内容と分量のバランスについては注意が必要である。

| 心と体の関係
を見てみよう ：**実習 6** | 調査票の1ページめの表紙（図5-1 上）には，調査全体のタイトル「日常生活への満足感に関する調査」を明記したうえで，「調査の目的と協力のお願い」では，本調査の目的や簡単な内容を説明し，倫理的配慮に関する事項を記載した。たとえば，データは研究目的以外で使用することはなく，統計的な処理を行なうことを含めて個人を特定する情報が公になることは一切ないことや，調査への参加は自由意思に基づくものであり，対象者に途中離脱の自由があること（回答は強制するものではなく途中でいつでも中断することが可能であり，中断したとしても調査対象者に不利益が生じることはないこと）を伝えることは重要である。また，「回答方法」に関する説明では，正しいあるいは間違った答えというものは存在しないこと，あまり深く考えずに思ったとおりに回答すること，記入漏れがあるとデータとして使用できなくなるため質問を飛ばさずにすべての項目に回答してほしいことを記載した。

調査票の2ページめ（図5-1 下）からは，「質問1」は作成した「主観的幸福感尺度」，「質問2」は作成した「身体的健康感尺度」，「質問3」は「主観的幸福感尺度」の基準関連妥当性を検討するための「人生満足度尺度（Diener, Emmons, Larsen, & Griffin, 1985)」，質問4は「身体的健康感尺度」の基準関連妥当性を検討するための「SF-36（Medical Outcome Study 36-Item：健康医療評価研究機構）」の一部を用いた。各ページには，ページの下に（そのページの回答が終

日常生活への満足に関する調査

関西学院大学文学部総合心理科学科 3 年
研究責任者：○○○○（＊＊＊@kwansei.ac.jp）

調査の目的と協力のお願い

　この調査は，日常生活への満足感について調べることを目的としています。ふだんのあなたの感じ方や考え方について，お答えいただくものです。みなさまの回答が貴重な資料となりますので，ぜひご協力下さいますよう，よろしくお願いいたします。

　調査は無記名で，回答いただいたデータは，研究目的以外で使用することはありません。またデータは統計的に処理いたしますので，個人を特定する情報が公になることは一切ありません。

　本調査への参加は，自由意思に基づくものであり，調査に参加しないことであなたが不利益を被ることはありません。あなたが調査協力の取り止めを申し出た場合には，理由の如何にかかわらず直ちに中止します。また，回答中に答えたくない項目があったとき，気分が悪くなったときなどは，いつでも回答を中断，もしくは中止してください。

　調査内容について，ご不明な点や調査結果のお問い合わせなどがございましたら，研究責任者までお問い合わせください。

回答方法

　調査の回答には，「正しい答え」や「間違った答え」はありません。似たような内容の項目があるかもしれませんが，あまり深く考えずに，思ったとおりにお答えください。記入漏れがございますと，データとして使用できない場合がありますので，質問は飛ばさず，すべての項目に回答してください。

　上記の内容に同意していただける方は，次ページからの質問に回答してください。

（次ページ）

【質問1】以下の各質問項目について，あなたは，どの程度当てはまりますか。
　　　　　自分に最もよく当てはまると思う番号1つに〇をつけてください。

図 5-1　調査票の表紙の記載例

了後，回答者が次のページに円滑に進むように）質問は次のページに続くことを明記し，最終ページには，回答終了後に記入漏れがないかを確認する教示と調査協力へのお礼の言葉を記載した。

　なお，調査を実施する際には，基本属性として，対象者の性や年齢などをたずねることが多いが，これらの属性に関する項目についても，測定が必要かどうかという点を研究目的と照らし合わせたうえで決定する。仮に，性や年齢などをたずねる必要がある場合は，どのような質問の仕方や選択肢を設けるべきかなど，対象者に応じた質問と答えやすさなどにも十分に配慮して，項目や文章を作成することが重要である。基本属性と考えられる項目のうち，性や年齢，婚姻の有無，収入や体格（身長や体重）などは，なんらかの抵抗を感じる対象者がいないとは限らない。このように対象者に応じたさまざまな対応も，質問法における倫理的配慮として留意すべき重要な点である。

2 節　調査の実施手順

1　サンプリングと調査方法の選定

　サンプリングと調査方法の問題については，第2章で詳しく述べている。調査の実施にあたって対象者の選定や調査方法は相互に関連し合う重要な問題であるため，研究目的を考えながら慎重に進める必要がある。また，言うまでもないが，倫理面にも十分に配慮して調査方法を選定する。

2　調査票の配布とデータの回収

　調査票を完成させたら，いよいよ対象者に調査票を配布し，回収する手続きに進む。また，必要に応じて調査対象者を統括する立場の責任者や機関，調査を行なう際に手伝い等が必要な場合には協力者などにも調査票の配布依頼を行ない，調査が円滑に実施できるための各種準備を行なう。

　調査票の配布・回収にあたっては，依頼する相手や回答者に失礼がないよう，必ず倫理的に配慮した手順をしっかり踏む必要がある。依頼相手や回答者の貴重な時間を使って回答を依頼していることを忘れず，無理を強いる依頼や回答

50　　第2部　調査法の実習「心理尺度をつくる」

の強制などをしないよう注意する。

　配布を依頼する際には，まず依頼状を用意し，研究の計画，配布する調査票を渡して十分に説明をする。依頼相手や回答者の時間や場所的な問題がある場合や，調査の実施意図が十分に伝わらなかった場合などは，協力を断わられる可能性も十分ある。実施してもらえることを前提として話を進めるのではなく，まずはこちらの研究目的を十分に伝えたうえで，研究の成果がいかに学術的に意味があるか，あるいはその研究結果をフィードバックすることが回答者にとってどのようなメリットとなるのかを伝えることも重要である。依頼場所によっては，依頼相手本人のみの判断ではすぐに実施することができず，他の何名かの意見の合意を得る必要がある場合もある。たとえば，ある施設の職員に施設入居者を対象として回答を依頼したい場合，その職員1人の判断では実施できず，施設の代表者を含む何名かの会議で可否を検討する必要があるだろう。そのためにも，調査依頼のための依頼状や研究計画の資料は多めに用意し，余裕をもった日程で依頼を行なわなければならない。

　データの回収について，詳しくは第2章を参照いただければと思うが，調査方法によっても回収方法は異なる。協力いただけた貴重なデータを回収し損なうことのないよう，また回収したデータの管理についても徹底し，個人情報を含む研究データの扱いには十分注意する。

3 節　収集したデータの処理

　データを収集しても（特にデータが紙媒体によるデータの場合は）データ入力をはじめとするさまざまな処理を行なわなければ分析ができない。そこで，ここでは，データ分析を行なうための処理手順についてさまざまな手法を例に紹介する。

1　質問紙データの下準備

(1) ナンバリング

　回収した質問紙は多くの場合"無記名"であるため，各調査票を識別するもの

が必要である。たとえば、各調査票の表紙の余白に調査票番号を書き込んでおく（**ナンバリング**）。調査票の全体数が膨大であるときには、刻印される数字が自動的に繰り上がるようになっているナンバリングスタンプを用いると便利である。

あらかじめ調査票の印刷時や配布前に、調査票に識別番号を付与する方法もある。この方法は調査票の配布数や回収数を把握しやすいというメリット

調査票のナンバリングにはナンバリングスタンプが便利

がある一方で、回答者から見ると、自分の回答内容が把握されているのではないかという疑念や不安を感じさせてしまう可能性もあるので、適宜、調査の状況や条件に応じて使い分けるとよいだろう。

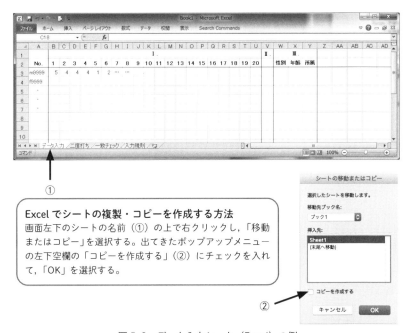

①

Excelでシートの複製・コピーを作成する方法
画面左下のシートの名前（①）の上で右クリックし、「移動またはコピー」を選択する。出てきたポップアップメニューの左下空欄の「コピーを作成する」（②）にチェックを入れて、「OK」を選択する。

②

図5-2　データ入力シート（Excel）の例

(2) データ入力シートの作成

ここでは，Excel でデータ入力シートを作成する手続きを紹介する（図5-2）。ナンバリングされた調査票番号や，各質問項目の素点を入力するための"列"を作成する。

データ入力シートができあがったら，「シートのコピー」という機能を用いてまったく同じフォームの別シートを用意しておく。これは後述するローデータの作成の過程で入力ミスの有無をチェックする際に必要となる。

(3) 入力規則シートの作成

別シートにデータの入力規則に関する備考を記録しておく（図5-3）。入力規則とは，データ入力シート上の項目番号と心理尺度・下位尺度の対応，変数名の正式名称，入力された数値と選択肢の関係，逆転項目の有無などである。これがあれば，後に調査票の原本を処分してしまってもデータ上の数値の意味するところが明確となる。

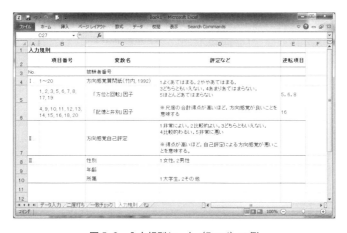

図 5-3　入力規則シート（Excel）の例

2 ローデータの作成

(1) データ入力

　集計や変換といった計算を伴う作業をしていない，素のままのデータを**ローデータ（raw data）** と呼ぶ。何も加工を施していない「生の」状態であることを意味する。

　ナンバリング済みの質問票を見ながら，データ入力シートに数値を入力していけば，それがローデータとなる。欠損値があった場合には，それとわかる対処を一貫して実施しなければならない（たとえば，ピリオド（．）を入力するなど）。

(2) 二度打ちデータ入力

　入力ミスを発見するためにデータの二度打ちを行なう。1度めと2度めのデータ入力は別人物が行なうことが望ましい。これは，個人の癖・構え・思い込み・先入観などによって，同じ入力ミスが繰り返されることを防ぐためである。

　データ入力シート内に，入力実施者の氏名を記録しておく列を作成しておくのもよい。

(3) データの一致の確認

　データを入力した2つのシート間の一致・不一致を確認するため，データ入力シートと同じフォーマットで空欄からなる新たな別シート（＝ 一致チェックシート）を用いる（図5-4）。Microsoft 社の Excel では「EXACT 関数」を利用して，2 セル間で入力内容の一致チェックができる。「EXACT 関数」では，数値の全角・半角の違いやスペースの有無なども"不一致（FALSE）"と判定されてしまう。したがってデータ入力者と二度打ち者が，厳密に同じ入力規則に従ってデータ入力を行なっていることが重要である。

　不一致（FALSE）の検出は，目視のみに頼ると見逃しやすい。［検索］［フィルター］［条件付き書式（セルの強調表示ルール・文字列）］などの機能を用いて確実に検出する。また，不一致（FALSE）を発見した場合は，調査票の原本を確認してデータ入力シートまたは二度打ちシートの当該のセルを正しい値に修正する。一致チェックシート上のセルがすべて「TRUE」と表示されたな

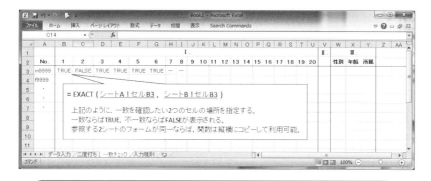

図 5-4 一致チェックシート（Excel）の例

らば，ローデータを完成と見なす。

3 スコアリングデータの作成

(1) スコアリングシートの準備

完成したローデータは今後"変更不可"とし，データ処理や分析の過程で改変・削除されないように注意する。そしてデータ集計作業を行なう際には必ず，ローデータシートを複製したスコアリングシートで作業する。いわば調査票の原本の保管であり，いつでもローデータに立ち戻れるようにするための工夫である。後述する逆転処理や得点化処理をはじめとして，ローデータに対し，さまざまな加工を行なったデータを，本書ではすべて**スコアリングデータ（scoring data；得点化処理データ）**と呼ぶ。

(2) 逆転処理

心理尺度には，他の多くの項目とは正反対の内容をたずねる"逆転項目"が含まれる場合がある。この"逆転項目"は，回答された得点が低いほど高い値に，高いほど低い値に変換する必要がある。そこで新たに，スコアリングシー

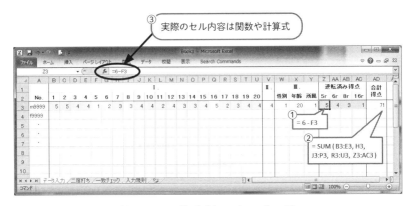

図 5-5　逆転処理および得点化処理（Excel）の例

ト上の空白スペースの列に「逆転済み得点の変数列」を作成する（図5-5①）。「＝（評定の最小値＋評定の最大値）－素点」という計算によって，項目素点を逆転した変数列を作成することができる（ここで言う最小値・最大値とは得られたデータの最小値・最大値ではなく，リッカート式の評定尺度法として設定した評定段階の最小値・最大値を意味していることに注意）。この計算によって，たとえば，評定の最小値が1，評定の最大値が5の場合に，項目素点が1点なら5点に，5点なら1点に，3点なら3点に変換できる。

(3) スコアリング（scoring；得点化処理）

逆転済み項目得点と，それ以外の項目素点とを，単純加算して合計尺度得点を算出する（図5-5②）。同様に，下位尺度の合計尺度得点も算出する。

(4) 数値化処理

逆転処理や得点化処理を経た列は，見た目は数字でも，実際のセル内容は関数や計算式である（図5-5③）。このままではSPSSなどの統計分析パッケージで扱うことが難しい場合がある。そこで新たに，関数や計算式を含まず，数値情報のみから構成される「分析用シート」を作成する（図5-6）。このシートには，統計分析で直接使用しない情報は含める必要がない。このシートは使

図 5-6　分析用シート (Excel) の例

用する統計分析パッケージの仕様に合わせてデータの行列を成形するものである。

まず，スコアリングシートから統計分析に使用する変数列のみをコピーする。新たに作成した分析用シートにて，[値のみ貼り付け] を用いてペーストする。次に，ペーストしたデータ列をすべて選択して右クリック [セルの書式設定] を選択，[表示形式] タブ内の [分類] の中から [数値] を選択し [OK] を選択する。

Column 5

顕在的・潜在的な意識や態度を測る

　生理指標等の客観的指標と異なり，質問紙調査では主観的評価を対象者に意識的に回答してもらうため，回答を「わざとゆがめる」ことができてしまう。たとえば「本音のところは違うけれど，社会的に受け入れられやすい，望ましい回答をしたほうがいいだろう」という「社会的望ましさ」の意識がはたらくことがある。私たちの行動は個人的要因と社会的要因の双方に影響されるという社会心理学の考え方をもってすれば，「質問紙に回答する」という行動も当然のことながらさまざまな要因によって影響される。その中でいかに対象者の「本音」を数値として引き出すかが，質問紙調査では重要な鍵となる。

　質問紙を用いて自己報告によって測定される「顕在的」な意識や態度が存在する一方で，意識的にコントロールすることが難しい「潜在的」な態度を測定する方法がある。**潜在的連合テスト（Implicit Association Test：IAT）**では，2種類の分類課題を組み合わせて反応時間を測定し，その連合の強さを比較する。たとえば，画面に出てくる人物を「若者」か「高齢者」のいずれかに分類するという課題と，画面に出てくる刺激語を「快」と「不快」のいずれかに分類するという課題を組み合わせる方法がある。「高齢者」に対する潜在的な態度が「若者」に対するものよりネガティブである場合は，「若者－快」「高齢者－不快」という組み合わせの課題のほうが，「若者－不快」「高齢者－快」という組み合わせの課題よりも反応時間が短いとされる。

　質問紙で測定した顕在的な評価とIATを用いて測定した潜在的な態度の関係については一貫した結果が得られておらず，両者の傾向が一致するという報告もあれば，乖離しているという報告もある。いずれにしても，2つの側面からの態度が独立して，あるいはなんらかのかたちで影響し合って，対象物への評価や行動に影響していると考えられる。たとえば，人種や性別，年齢に対する差別的態度など，「社会的望ましさ」によって，質問紙調査では歪んだ回答を得やすい場合に，こうした「潜在的」な態度を測定する方法と組み合わせて用いることも一つのアイデアである。

項目を選ぶ：項目の選定とその手法

　　前章では，質問票を作成し，実際にデータを収集する段階まで説明したが，作成した項目の中には，作成意図とは異なった文意で解釈されることや，個人差があるだろうと想定していた項目にほぼ全員が同じ回答をしているなど，心理尺度の項目として適切ではない項目が存在する可能性がある。そこで本章では，得られたデータの傾向や統計的な分析結果から，心理尺度として適切な項目を選定していく方法について見ていこう。

1節　項目の選定とその方法

　まず，得られたデータの概要を把握するために，記述統計量（平均，標準偏差，中央値，最大値，最小値など）を求め，度数分布表を作成し，極端に回答が偏った項目がないかを確認する。これらの確認は，第5章で行なったデータ入力やスコアリング方法にミスがなかったかどうかをチェックする意味でも重要であり，基本的なデータを把握する最初の作業だといえる。さらに，相関分析やクロス表の作成を行なうことで，データから得られた項目間の関係や回答傾向を把握することができる。

2節　データの傾向を知る

1　記述統計量

　記述統計量とは，調査によって得られたデータを要約した値である。平均値（mean），標準偏差（standard deviation：SD），中央値（median），最大値，最小値などがあげられる。以下にこれらの説明を示す。

①**平均値（mean）**：項目ごとの数値，あるいはスコアリング後の得点の平均値を算出する。Excel では AVERAGE という関数を用いる。平均値を表示したいセルを選択し，「＝average（」と入力した後，平均値を算出したい数値のセルをすべて選択し，Enter キーを押す。

②**標準偏差（standard deviation：SD）**：データのちらばりを表わす指標である，標準偏差を算出する。標準偏差と呼ばれるものには 2 種類あり，母標準偏差と標本標準偏差がある。母標準偏差とは，得られたデータが母集団＝対象のすべてであると考える場合に使う。たとえば，データの対象が 100 存在し，その 100 すべてからデータを測定した場合は母標準偏差を算出する。Excel

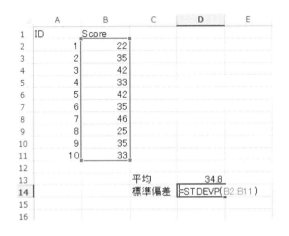

図 6-1　Excel での標準偏差の算出例

では「STDEVP」という関数を用いる。平均値を表示したいセルを選択し，「=stdevp(」と入力した後，平均値を算出したい数値のセルをすべて選択し，Enter キーを押す（図 6-1）。一方，標本標準偏差とは，得られたデータは，母集団の一部，すなわち，対象とした集団全体から抜き取られた一部分であると考える場合に使う。Excel では「STDEV」という関数を用いる。つまり，母標準偏差と標本標準偏差の違いは，何が対象データの「母集団」なのか，という違いである。

③**中央値（median），最大値，最小値**：中央値，最大値，最小値も記述統計量として報告される場合が多い。特に最大値，最小値は，数値としてとりうる範囲内に収まっているかを確認することで，質問表への回答ミスやデータ入力ミス，スコアリング時の間違いなどを検出することができる。Excel で算出する場合は，中央値は「MEDIAN」，最大値は「MAX」，最小値は「MIN」という関数を用いる。セルに関数を表記した後の手順は，平均値や標準偏差と同様である。

2 度数分布表

度数分布表とは，データの各数値が現われた個数をリストした表のことである。それぞれの値にいくつのデータが入っているのか，その個数のばらつきを確認することで，回答の偏りを把握することができる。たとえば，「1. まったく当てはまらない」から「5. 非常に当てはまる」までのリッカート尺度で回答させた場合，「1」から「5」それぞれの値のデータがいくつ得られたかを表として列挙する。値が連続変量である場合や，広い範囲をとる場合は，値を等間隔の区分で区切り，その区分にデータがいくつ含まれるかを度数として表現する。Excel で算出する場合は，「FREQUENCY 関数」を用いる。度数を表示したいセルを選択し，「=frequency(データ配列 , 区間配列)」という式を入力する。「データ配列」部分は，度数分布表を出したい値（スコア）部分（たとえば図 6-2 では，B2:B21）を選択する。「区間配列」部分は，データ配列の値をグループ化する配列の数値（たとえば 5 件法での回答なら，「1」から「5」まで入力したセルを意味し，図 6-2 では D2:D6）を選択する。「Ctrl」と「Shift」を同時に押しながら「Enter」キーを押すと，度数分布表が作成される。さらに，「区

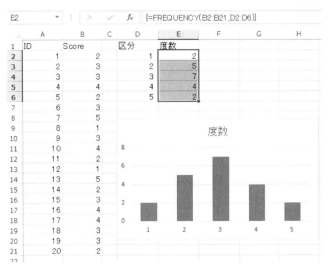

図 6-2　Excel での度数分布表の作成例

間」と「度数」部分のセルを選択して「集合縦棒」という種類のグラフを作成すると，度数のちらばりが視覚的にわかりやすい。このように，度数分布表を柱状のグラフで表わしたものを「ヒストグラム」と呼ぶ。

3　回答偏向の確認

　平均値や標準偏差から，各項目の回答あるいはスコアリング後の得点に極端な偏り（**回答偏向**）がないかを確認する。心理尺度は「ものさし」であるため，さまざまな状況下における個人の違いを敏感に測定しうるものでなくてはならない。そのため，「誰がどんな状況で回答しても答えがほぼ決まっている」ものは項目内容としてふさわしくない。たとえば，「1. まったく当てはまらない」から「5. 非常に当てはまる」までの5件法で調査をした尺度項目について，回答者の9割以上が「5. 非常に当てはまる」と回答していた場合は，「わざわざものさしを使って測らなくても，ほとんどの人が当てはまる内容」だということがわかる。

①**天井効果（ceiling effect）**：多くの対象者の回答が高い得点の方向に偏っている場合を指す。先ほど例にあげた，「1. まったく当てはまらない」から「5. 非常に当てはまる」までの5件法で調査をした尺度項目について，回答者の9割以上が「5. 非常に当てはまる」と回答していた場合は，これに該当する。

②**床効果（floor effect）**：多くの対象者の回答が低い得点の方向に偏っている場合を指す。たとえば，「1. まったく当てはまらない」から「5. 非常に当てはまる」までの5件法で調査をした尺度項目について，回答者の9割以上が「1. まったく当てはまらない」と回答していた場合は，これに該当する。

　天井効果・床効果は，平均値，標準偏差といった記述統計量や，度数分布から確認することができる。いずれの時点から「回答が偏っている」と見なすかは，心理尺度の内容やデータの全体的な傾向，研究のテーマや目的に応じて変わってくるため一概には言えないが，たとえば，平均値＋標準偏差が，回答としてとりうる値（たとえば「1」～「5」の5件法の場合は「5」）よりも大きいと天井効果，平均値－標準偏差が回答としてとりうる値よりも小さい場合は床効果，と見なす場合もある。まずは度数分布によって，視覚的に回答の偏りをチェックすることも重要である。

3 節　項目間の関係を知る

1　相関分析

　相関分析とは，2つの変数間に相関関係があるかどうかを検定する分析方法であり，その際，相関係数が利用される。

　相関係数（積率相関係数）とは，2つの変数の間にある線形の関係の強弱を表わした指標である。心理尺度を用いた研究では，しばしば異なる項目同士，尺度得点（1つの概念を測定する指標群の合計）同士，主観報告と行動指標や生理指標の間で，仮説の相関係数を確認していく。ただし，相関係数は，あくまで観察された2変数間の線形の関係を示しているという点で，後述の限界をもつ指標でもあることを認識しながら使用する必要がある。

第6章　項目を選ぶ：項目の選定とその手法　63

| | 心と体の関係
を見てみよう : **実習7** | 作成した12項目の「主観的幸福感尺度」について，
各項目間の関係性を調べるため，項目間の相関係数を |

算出した（表6-1）。算出には，Excelの「CORREL関数」を用いた。たとえば「項目1. 自分が好きなほうだ」と「項目2. 自分に自信がある」の項目間の相関係数を算出する場合は，相関係数を表示したいセルを選択し，「=correl(項目1のデータ配列, 項目2のデータ配列)」という式を入力した。逆転項目は処理後のスコアを使用した。その結果，項目発案，生成時に同じカテゴリーとして分類されていた項目間で，より強い正の相関関係が認められた。たとえば，「自分が好きなほうだ」「自分に自信がある」「いつも気持ちに余裕がある」といった「自分自身の性格評価」についてのカテゴリーから算出された項目では，項目間の相関係数が.60以上の値となっている。また，「生きがいがある」「自分は必要な人間だ」「生きていて良かったと思う」といった「自分の存在に対する意義を感じているか否か」についてのカテゴリーから採用された項目でも，項目間で比較的強い正の相関関係が認められる。

表6-1 作成した12項目の主観的幸福感尺度の各項目間の相関係数

	1	2	3	4	5	6	7	8	9	10	11	12
1. 自分が好きなほうだ	-											
2. 自分に自信がある	.63	-										
3. いつも気持ちに余裕がある	.68	.61	-									
4. 何をするにも無気力である（逆転）	.51	.49	.33	-								
5. 自分は何をやってもうまくいかないほうだ（逆転）	.24	.25	.15	.34	-							
6. 毎日の生活に満足している	.33	.18	.21	.22	.22	-						
7. 充実した毎日を送っている	.21	.23	.19	.23	.41	.58	-					
8. 生きがいがある	.42	.32	.21	.42	.23	.48	.48	-				
9. 自分は必要な人間だ	.31	.42	.17	.42	.23	.55	.45	.62	-			
10. 生きていて良かったと思う	.22	.25	.22	.28	.58	.36	.51	.77	.69	-		
11. 居場所がある	.26	.33	.23	.21	.38	.33	.34	.54	.52	.43	-	
12. 誰かの役に立っていると思う	.32	.27	.18	.33	.35	.53	.38	.44	.68	.38	.51	-

2 散布図

2つの変数（たとえば, x と y）の得点を，それぞれ縦軸と横軸にとり，各デー

タを，それぞれの変数の大きさに対応する位置に点としてプロット（plot）した（書き入れた）図のことを**散布図（scatter plot）**という（図6-3）。プロットした一つひとつの点が各データ（たとえば，心理学の研究の場合は対象者一人ひとりのデータや観測値であり，社会学などでは地域や国といったデータもありうるだろう）で，2つ以上の数量化がなされている場合，散布図を作成することができる。

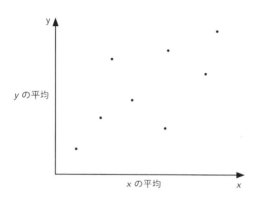

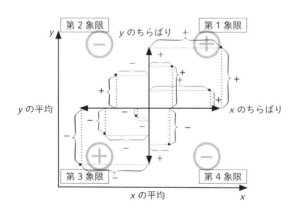

図6-3 変数 x と変数 y の散布図（上）と，2変数の平均の交点を原点とした場合の各データのもつ符号の例（下）

注）⊕ ⊖ は，「x の偏差×y の偏差」の符号を表わしている。

第6章 項目を選ぶ：項目の選定とその手法

○共分散

　散布図におけるデータのちらばり具合は，変数xや変数yそれぞれの平均やちらばりを示すとともに，xとyが両方組み合わさることによって得られるパターン（右上がり，右下がりなど）が反映されて，全体的なパターンが生じることがある。図6-3の例では，右上がりの全体的なパターンが見られるが，これは変数xや変数y単体の情報のみからは生じえない組み合わせのパターンであるため，共分散（covariance；複数の変数の組み合わせによって生じるちらばり）とも呼ばれている。プロットされた各データは，多かれ少なかれ，それぞれの変数の平均からの隔たりをもっているが，これを偏差（deviation）と呼び，たとえば平均とまったく同じデータは偏差0，高得点者は偏差が＋に大きくなり，低得点者は偏差が－に大きくなる。

　共分散は，各データのx方向とy方向の「組み合わせ」の情報を合計する。これによって，第1象限・第3象限のデータが原点（平均）から散らばっている程度と，第2象限・第4象限のデータポイントが原点（平均）から散らばっている程度が合計される。

　第1象限ではxの偏差×yの偏差は正符号（＋）になる。なぜならば，このエリアの各データの偏差は，平均を原点（$x=0, y=0$）とした場合にその符号は正（＋）であり，いずれのデータもxの偏差×yの偏差を計算すれば，この積の符号は正（＋）であるためである。同様に，第3象限でもxの偏差×yの偏差は正符号（＋）になる。なぜならば，このエリアの各データは，平均を原点とした場合にその符号は負（－）であり，いずれのデータもxの偏差×yの偏差を計算すれば，この積の符号は負（－）であるためである。

　第2象限ではxの偏差×yの偏差は負符号（－）になる。なぜならば，このエリアの各データは，平均を原点とした場合にその符号はx方向には負（－），y方向には正（＋）であり，いずれのデータもxの偏差×yの偏差を計算すれば，この積の符号は負（－）であるためである。同様に，第4象限でもxの偏差×yの偏差は負符号（－）になる。なぜならば，このエリアの各データは，平均を原点とした場合にその符号はx方向には正（＋），y方向には負（－）であり，いずれのデータもxの偏差×yの偏差を計算すれば，この積の符号は負（－）であるためである。

興味深いことは，もし散布図が右上がりになっている場合は，第1象限・第3象限のデータの原点（平均）からのちらばり（の程度）が，第2象限・第4象限のデータの原点（平均）からのちらばり（の程度）を上回ることである。反対に，もし散布図が右下がりになっている場合は，第1象限・第3象限のデータの原点（平均）からのちらばりが，第2象限・第4象限のデータの原点（平均）からのちらばりを下回る。すなわち，共分散の値が正であるか負であるかは，データが両変数の平均値の交点を起点として，右上がりか右下がりかと対応している。相関分析とは，標準化された変数同士の共分散であり，標準化されたデータは，単位が異なっていても比較することができる。したがって，相関係数は，異なる単位の2変数であっても，「一方の変数が標準得点として増加するごとに，もう一方の変数が標準得点として増加する／減少する」ことを示す統計値となる。

3　非線形関係

　先にも述べたように，相関係数は，2変数の平均の交点を起点としてデータが右上がり／右下がりである程度を示す統計値であるが，まさにこのため，線形の関係しか反映することができない値でもある。それゆえ，たとえば，心理学におけるヤーキーズ・ダッドソンの法則（パフォーマンスは，覚醒度が低すぎても高すぎても落ちる現象を説明した法則のこと）のように，非線型であるが無関係ではない現象が存在する場合，相関係数では，その現象をとらえることはできないという弱点をもつ。この点を補うために，相関比（η^2；イータ二乗と読む）などを用いることがある。

ヤーキーズ・ダッドソンの法則

4 擬似相関

本当は変数 w が x と y を同時に引き起こしていたり，$x \rightarrow w$（媒介変数）$\rightarrow y$ という因果関係が存在する場合に，データとして x と y しか手元に得られていない状態で x と y の間に見られる相関関係のことを**擬似相関**という。x の変動に伴う y の変動が観察された時点で，$x \rightarrow y$ の因果関係をとらえたように理解されがちであるが，両者の間になんらかの変数が介在している可能性を否定することは難しい。また，実際の研究では，$x \rightarrow y$ の因果関係が真実として存在していたとしても，その関係が媒介変数によって一見無関係に見えることも少なくない。x が y の原因であると結論するための条件とは，「x は y に先行して発生しなければならないこと」「y は x が起きないときは発生してはならないこと」，および，「y は x が起きたら必ず発生しなければならないこと」をすべて証明することである。

5 クロス表

散布図で表わされる相関係数が比例尺度（量的データ）の2変数同士の関係を表わしていたのに対し，**クロス表**は，名義尺度（質的データ）の2変数同士の関係を表わしている。散布図は名義尺度以外のデータ同士の関係を示すために用いられるが，名義尺度同士の関係は散布図では示すことができないので，クロス表を用いる。質的データは量的データより計算の自由度が少ない（加減乗除ができない）ので，それを表わすクロス表は，散布図の原型ともいえる表である。

名義尺度の2変数同士の関係は，厳密には相関ではなく「連関（association）」と呼ばれる。名義尺度同士の連関とは，一方の変数が特定の値である場合，もう一方の変数が特定の値をとりやすいことである。たとえば，以下の例では，性別と恋人の有無という2つの名義尺度の連関を例にとって考えてみる。

性別という名義尺度が「男性／女性」という値をとりうるとする。恋人の有無という名義尺度が「あり／なし」という値をとりうるとする。このとき，生じるパターンは，「男性で恋人あり」「男性で恋人なし」「女性で恋人あり」「女性で恋人なし」の4パターンである。これについて，図6-4のA～C列のような性別と恋人の有無のデータを157名の学生から収集し，Excelデータにま

	A	B	C	D	E	F	G
1	ID	性別	恋人の有無	フラグ1-1	フラグ1-2	フラグ2-1	フラグ2-2
2	1	1	2		1		
3	2	1	2		1		
4	3	2	2				1
5	4	1	2		1		
6	5	2	2				1
7	6	1	2		1		
8	7	1	1	1			
9	8	1	1	1			
10	9	1	1	1			
11	10	2	2				1
12	⋮	⋮	⋮	⋮	⋮	⋮	⋮
13	153	2	1			1	
14	154	2	1			1	
15	155	2	1			1	
16	156	2	1			1	
17	157	1	2		1		
18				38	56	17	46

図 6-4　性別と恋人の有無に関する架空データ ⑩

とめたとする。今，同 Excel の D 列～ G 列を利用し，

「フラグ 1-1」列の D2 セル：　＝IF(AND(B2=1,C2=1),1,"")
「フラグ 1-2」列の E2 セル：　＝IF(AND(B2=1,C2=2),1,"")
「フラグ 2-1」列の F2 セル：　＝IF(AND(B2=2,C2=1),1,"")
「フラグ 2-2」列の G2 セル：　＝IF(AND(B2=2,C2=2),1,"")

と関数を入力し，157 行分，この関数をコピーし適用する。この関数は，たと
えば「フラグ 1-1」列の場合であれば，「もし B2 セル（性別）が 1 であり，か
つ，C2 セル（恋人の有無）が 1 であった場合，1 を表示し，それ以外であれ
ば空欄（" "）とせよ」という命令である。D 列～ G 列のそれぞれが，同様に，
性別と恋人の有無同士の組み合わせである 4 パターンに反応するフラグ（1 か
0 をとり，1 が条件の存在，0 が条件の不在を意味する情報のこと）である。
　ここで，D 列～ G 列の 1 の数を合計すると，フラグ 1-1 が 38，フラグ 1-2 が
56，フラグ 2-1 が 17，フラグ 2-2 が 46 であったとする（図 6-4 最終行）。これらは，

第 6 章　項目を選ぶ：項目の選定とその手法　　69

		恋人の有無	
		1 = 恋人あり	2 = 恋人なし
性別	1 = 男性	(1-1) 38	(1-2) 56
	2 = 女性	(2-1) 17	(2-2) 46

図 6-5　性別と恋人の有無のクロス表 ⑪

クロス表において「度数（frequency）」と呼ばれる情報であり，ここでは単純に人数を指している。この度数を図 6-5 のようにまとめると，この表がクロス表である。つまり，クロス表には，連関を検討する 2 つの質的データの間に起こりうる全パターンのそれぞれが，サンプルの中でどれほど頻繁に確認されたかを表わす情報が含まれている。

○連関の検定方法

クロス表で得られた度数のパターンを用いて，連関をもつ 2 つの質的変数同士が「無関連でない」程度を集約した統計値を計算することができる。これが χ^2（カイ二乗）の値である。この χ^2 以外にも，クロス表における 2 つの変数間の関連の程度を表わす指標として，ファイ係数とクラメールの v 係数という連関係数がある。ファイ（ϕ）係数は，2×2 のクロス表において算出されるもので，一方，2×2 よりも大きい $m \times n$ のクロス表において算出される連関係数がクラメールの V 係数である。本書では，これらについての詳細な説明は省略するが，2 つの質的な変数間の関連の強さを示す指標があることは知っておいてほしい。

χ^2 は，まずクロス表の行と列の合計人数（周辺度数）を算出することから計算を始める（図 6-6）。もし，2 変数同士にまったく連関がない，すなわちこの場合，男性もしくは女性であることと恋人がいるかいないかはまったく関係のない現象であるとしたら，一方の変数のとりうる値（たとえば，男性）は，もう一方の変数のとりうる値のすべて（恋人の有無）に均等に分布して然りである。図 6-6 の例でいえば，男性 94 名は，恋人のあり・なしが生じる性別に関係のない確率，すなわち列合計人数が全体人数（157 名）に対して生じる確

クロス表

		恋人の有無		行合計人数
		1＝恋人あり	2＝恋人なし	
性別	1＝男性	38	56	94
	2＝女性	17	46	63
列合計人数		55	102	157
列％		0.35	0.65	

↓

期待度数

		恋人の有無	
		1＝恋人あり	2＝恋人なし
性別	1＝男性	32.93	61.07
	2＝女性	22.07	40.93

↓

（実現値 − 期待度数）^{2} ÷ 期待度数

		恋人の有無	
		1＝恋人あり	2＝恋人なし
性別	1＝男性	0.78	0.42
	2＝女性	1.16	0.63

↓

$\chi^2 = 2.99$

$p = 0.08$

図6-6 クロス表とその周辺度数，および期待度数から計算される χ^2 の値

率である列％（恋人あり＝35％，恋人なし＝65％）に均等に分布するという想定ができる。同様に，これは女性63名についてもいえることである。

　性別と恋人の有無に関連がないという仮定を行なうことは，両変数が独立で

第6章　項目を選ぶ：項目の選定とその手法　71

ある場合にとりうる値のパターンがどのようにデータとして現われるべきであるかという想定を行なうことと同じである。これを「期待度数」と呼び，クロス表の期待度数は上記の周辺度数と列％の計算を経て算出される（図6-6）。たとえば，「男性」で「恋人あり」のセルにおける期待度数は，$94 \times 0.35 = 32.93$ となる。他のセルについても同様に計算を行なう。

　ここで，実際にデータとして得られた各セルの度数と期待度数にはズレが生じる。たとえば，「男性」で「恋人あり」のセルにおけるデータの度数と期待度数の差は $38 - 32.93 = 5.07$ となる。他のセルについても同様に計算を行なう。実際には，データの度数が期待値を上回る場合と下回る場合があるため各セルの差を2乗し，セル間で比較の土台をそろえるために期待度数で割る。これを行なったものが図6-6の一番下の表であり，ここで各セルに表示された数値は，データの度数と期待度のズレの大きさを表わしている。このズレを全セルにわたり合計したものが χ^2 の値である。χ^2 が大きいことはズレが大きいということであり，ズレが大きいということは実際に得られたデータが変数同士が独立であると仮定した場合に期待される度数とズレているということである。ここでズレが「大きい」かどうかは，χ^2 を計算するために集めた2変数によるデータが確率的に得られたものであると想定したうえで自由度が，2乗値の分布モデルである χ^2 分布に従う（変数のとりうる値の数 -1 をかけ合わせたもの。この例では $(2-1) \times (2-1) = 1$）ことを利用して判断する。この検定により，χ^2 が有意に大きいと判断される場合，連関を検討した2つの質的変数の間は「無関連でない」と判断することができる。

4 節　等質性（α係数）

　心理尺度として作成する各項目は，これまでの章でも述べてきたように，同じ概念のもと作成されているため，内容的に等質である必要がある。この**等質性**を確認する一つの方法として α 係数という指標があるが，これについては，後述の第7章で詳細に説明しているため，そちらを参照のうえ，項目の選出基準の一つとして理解を深めてほしい。

5 節 探索的因子分析

1 項目選定における構成概念と因子分析

　変数や項目には，それぞれに反応の程度に個人差があり，互いに相関している。概念が類似した項目に対する反応は類似すると想定できるので，当然，相関がある程度見られるはずである。このとき，類似した概念をもつ各項目の「背後」に，すべての反応を生み出している共通の「構成概念（あるいは単に概念）」があると仮定することができ，この各項目を構成する背後にある概念の得点を一度に求める方法があれば便利である。

　このような共通する概念を見つけるための分析が「因子分析」である。因子分析の「因子」は，上述の「背後にある得点」を意味する。得点なので，因子自体は平均と分散をもつ数量であり，「背後にある」ため，この得点は現実の世界に転がっているものではなく，あくまで計算上算出され，分析などに使用される仮想的な数量である。因子には，さまざまなものを想定することができ，たとえば，身長，体重，胸囲，足の大きさなどをデータにすれば「体格」という概念も想定できるし，数学，国語，英語，社会のテスト得点などをデータにすれば「学力」という概念も想定できる。つまり，必要なデータは，互いに相関する複数の変数ということである。そのため，因子分析自体は，心理学だけではなく，他のさまざまな分野でも活用されている。相関する変数（項目）には，できるかぎり多くのデータ（人数）が必要であり，目安として変数の約5〜10倍のデータが必要と考えられているが，より大きい標本データであればあるほどよい。また，因子分析を行なう際に「最尤法」を用いる場合は，正規分布する大きな標本であることが必須条件となる（Column 7 参照）。

2 探索的因子分析の考え方

　前項で述べた因子分析の中でも，**探索的因子分析**では，変数間の相関は重要なデータで，相関している変数の背後には，その相関を生み出している共通の概念である因子があると想定する。同時に，因子の影響を受けず，個々の項目のみに存在して回答者の反応をある程度左右する情報源も存在すると想定

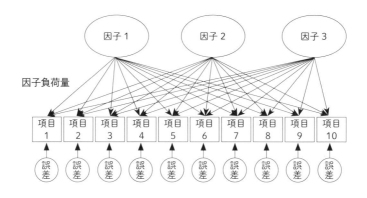

図6-7　探索的因子分析のイメージ

し，これを測定誤差（あるいは単に「誤差」）という。

　図6-7は，探索的因子分析のイメージ図である。丸で囲まれた文字は因子と誤差であり，これらは現実には存在しない仮想的な数量である。四角で囲まれた文字は，尺度の項目であり，この図では例として10項目の尺度であるとしているが，実際は作成する尺度によって項目数は異なる。丸から四角に伸びる矢印は，想定される因果関係を表わしている。ここでの因果関係とは，たとえば，各因子から各項目に影響を与えることで，項目に対する反応が因子によって生じていると想定することである。

　このイメージ図には，重要な情報が2つある。一つは，項目に現われた情報には，本当に測定したい因子によって生み出された部分と，そうでない部分（誤差）が存在するということである。もう一つは，因子は複数の項目に影響を与えているので，もし因子の得点を数量化することができれば，その得点は複数の項目に共通する情報を抽出しているため，たった1つの項目から得られた反応よりも信頼性が高いということである。つまり，1つの問いに対する回答のみで個人の特性を数量化するよりも，複数のさまざまな角度からの問いに対する回答を総合して個人の特性を数量化したほうが，得られる結果の信憑性が高くなるということである。このように，因子分析を行なうことによって測定誤差を評定値から差し引いた因子レベルでの評価が可能となる。

3　探索的因子分析における因子数と因子負荷量の意味

　因子分析は，多すぎて煩雑な情報（数）について共通する概念（因子）を見いだす分析手法であり，因子の数や**因子負荷量**の定め方に絶対的な基準が存在しない。したがって，因子分析では，因子の数は「手頃な少数の数」にすることが求められている一方で，いくつのカテゴリー（因子）が必要十分の数であるか，あるいは，本当はいくつの因子が項目の背後にあるのか，については絶対的な基準が存在しない。

　このように，背後の因子数が明確にわからない場合に用いられるのが探索的因子分析である。探索的因子分析では，純粋に情報の量という観点から最低限考慮すべき因子の数についての基準を示唆してくれる。よく用いられる代表的な基準が「ガットマン基準」と「スクリープロットによる判断」である。ガットマン基準とは，「固有値が1.0以上の因子数を選べ」という示唆である。スクリープロットによる判断とは，この固有値が，1つめの因子，2つめの因子，3つめの因子…と進むにつれてどの程度減少していくかという情報から因子数を判断する。研究者は，これらの基準となる情報と，測定しようとする概念やその理論を参照しながら，最終的な因子数を決定する必要がある。

4　探索的因子分析における回転法の意味

　探索的因子分析では，因子数以外にもう一つ，研究者が決定しなければならない重要な手法として，**回転法**がある。因子分析のデータは変数の相関関係であるが，この相関関係は，幾何学的には変数同士の距離だと解釈することができる。たとえば，私たちは普段，地球という一点から夜空を眺めているが，実際は，星の一つひとつの関係は複雑で，星のいくつかは何億光年も先にあるのに，月はすぐ近くに存在している。同じ宇宙の星たちを，たとえば別の恒星系に立って眺めることができたとしたなら，星同士の距離関係は現実にあるものの一つであるにもかかわらず，地球とはまったく別の見え方をするだろう。これと同様に，変数（星）同士の関係はデータとして1つであっても，それを「ぐるりと回りこんで」眺める視点は複数存在する。このように，因子分析においては，変数の間の関係を「どこから眺めるか」というやり方として複数の手法が存在しており，これを総じて「回転法」という（図6-8）。

第6章　項目を選ぶ：項目の選定とその手法　75

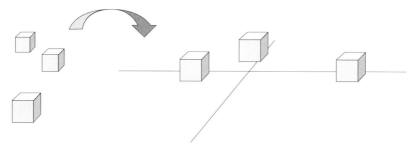

図 6-8　回転法のイメージ

注）立方体は変数，立方体同士の距離の近さは変数同士の相関関係の強さ，右の交差軸は 2 つの因子を表わす．

回転法には，大きく直交解（因子間の相関はゼロを想定）と斜交解（因子間に相関があることを想定）があり，直交解の代表例としてバリマックス回転が，斜交解の代表例としてプロマックス回転がある．心理尺度の場合，各下位尺度間には関連性があることを想定することが多いため，斜交解（プロマックス回転）で十分だと考えられるが，因子分析にはさまざまな手法があるため，理論的にも妥当な解が得られない場合や複数の相関する因子が存在するような複雑な因子構造が想定される場合は，別途，推奨されているさまざまな手法（清水，2013）を学び，検討することが望ましい．

5　探索的因子分析の実習例

探索的因子分析の実習例として，協調的幸福感尺度の分析例を紹介する．

ここでは日本，イギリス，アメリカの学生合計 859 名を対象にした調査で収集された，9 項目で構成される協調的幸福感尺度（Hitokoto & Uchida, 2015）に関するデータの探索的因子分析を行なった．最尤法でプロマックス回転を行ない，カイザー基準により 3 因子を抽出した．

探索的因子分析を備えたソフトウェアであれば，表 6-2 に示すような因子負荷量をアウトプットとして表示する．因子負荷量は，各項目が抽出した因子のそれぞれによってどの程度説明されるかを $-1 \sim +1$ の間で示す．表 6-2 を見ると，項目 1〜3，項目 4〜6，項目 7〜9 は，それぞれ因子 1，因子 2，因子 3 に高い（>.40）因子負荷量（.57〜.93）を示している．これは，項目 1〜3 が

表 6-2　因子負荷量の例

	因子		
	1	2	3
第1因子：対人関係調和			
項目1　自分だけでなく，身近なまわりの人も楽しい気持ちでいると思う	**.74**	.24	.02
項目2　まわりの人に認められていると感じる	**.76**	-.05	.13
項目3　大切な人を幸せにしていると思う	**.79**	-.02	-.02
第2因子：平穏無事			
項目4　平凡だが安定した日々を過ごしている	-.05	**.57**	.27
項目5　大きな悩み事はない	-.20	**.82**	.15
項目6　人に迷惑をかけずに自分のやりたいことができている	.29	**.76**	-.27
第3因子：人並み感			
項目7　まわりの人たちと同じくらい幸せだと思う	.07	.06	**.79**
項目8　まわりの人並みの生活は手に入れている自信がある	-.07	-.05	**.93**
項目9　まわりの人たちと同じくらい，それなりにうまくいっている	.21	.06	**.70**

因子1から，項目4～6が因子2から，項目7～9が因子3から影響を受けていることを示している。第1因子は，身近な他者と自分との人間関係が調和している状態に関する項目内容であり，「対人関係調和」因子と解釈した。同様に，第2因子は，問題が起きていない状態を意味する項目であることから「平穏無事」因子，第3因子は，自分が周囲の他者と同程度の水準である状態を示す項目内容であるため「人並み感」因子と解釈した。

　この3つの因子それぞれは，理論的にも協調的幸福感の3側面と考えられる下位概念（ある心理尺度全体の概念を構成する下位レベルの異なる概念）である。プロマックス回転を行なった結果，この下位概念同士は互いに正の相関があることがわかった（表6-3）。3因子それぞれを軸とし，因子負荷量の高さを軸との距離の近さとして各項目の相関関係を図示したものが図6-9である。こ

表 6-3　因子間相関の例

	1 対人関係調和	2 平穏無事	3 人並み感
1 対人関係調和	1.00		
2 平穏無事	.48	1.00	
3 人並み感	.46	.51	1.00

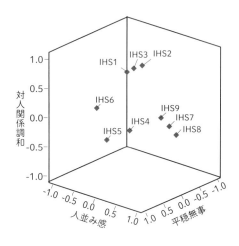

図 6-9 因子負荷と因子の関係の例（3 因子，9 項目の心理尺度の場合）
注）図では，3つの軸は直交しているが，プロマックス（斜交）回転を行なっているので，実際には軸同士にも近さが存在している。ここでは，わかりやすさのためにこのように表示している。

　の図を見ると，9項目同士には近い - 遠い（高い相関 - 低い相関）の違いがあり，同じ因子から影響を受ける項目同士は近い距離に位置しており，因子（軸）は，それらのちらばりをうまくとらえられるような方向に引かれていることがわかる。

　ここで紹介したデータにおける因子負荷量は，理論的にも説明ができるものであったが，実際の心理尺度の作成過程では結果が一致しないことも多い。尺度作成の段階では，項目を削除しても内容的妥当性に問題が生じない範囲で，問題があると思われる項目を除外したり，次回のデータ収集に向けて項目の文章表現の修正を行なうなど対処が行なわれる。探索的因子分析は共通する因子を見いだすことが目的の分析であるため，抽出法や回転法の選択以上に，測定しようとする構成概念とその理論的背景を考慮しながら，さまざまな情報を総合して暫定的な解釈を得るために行なうものであることを忘れてはいけない。

因子分析の2つの方法

　因子分析には大きく2つの異なる方法が存在する。一つは本文でも述べた,「探索的因子分析(Exploratory Factor Analysis:EFA)」と呼ばれる方法である。これは変数群の背後に「いくつの」概念が隠れているか「探索」する場合に用いる。探索的因子分析は変数群の相関の情報を縮約する分析法の一つであるため,仮説検証型の分析ではなく,むしろ,多量のデータから解釈できる因子を抽出する仮説生成段階で用いられる分析法である。

　もう一つの方法は,「**確認的因子分析**(または確証的因子分析, **confirmatory factor analysis：CFA**)」と呼ばれる方法である。これは変数群の背後に何と何の因子が想定され,そのうち,どの因子が,どの変数に影響を与えているかということ(たとえば,自尊感情因子は「私は自分に自信がある」や「私は人並み以上のことはできる」という項目に影響を与えており,一方,傲慢さ因子は「私の言うことは皆が聞きたがっている」「私の行なうことは必ず正しい」に影響を与えている,など)が,データを収集する前から理論的に想定されていることが前提となる。つまり,集めたデータを用いてあらかじめ想定している相関関係が実際に成立するかを検定する際に行なう分析である。

　心理学の尺度を作成する際には,研究の段階に応じて探索的因子分析と確認的因子分析のそれぞれを使い分けるが,一般には,理論的な観点から項目を作成する場合には確認的因子分析を,新たな概念を検出することを目的として項目を取捨選択する場合には,探索的因子分析を用いて尺度の妥当性を検証することが多い。

Column 7

探索的因子分析における相関関係の意味

　探索的因子分析では，項目間の相関関係という情報を，因子負荷量，因子得点，および誤差（測定誤差）に分解して解釈を行なう。因子負荷量とは，図 6-7 における下向きの矢印であり，因子から各項目が受けていると想定される影響力の大きさのことである。項目の選出基準として，因子負荷量が低い（.35 〜 .40 未満という基準が，経験的に用いられる）項目は，内容的妥当性を考慮したうえで除外する候補となる。次に因子得点とは，概念の得点のことであり，回答者の数だけ存在する，標準化された（平均 0，標準偏差 1 の）得点である。因子分析の主な目的は，これを算出し，個人の因子得点を求めることである（たとえば，A さんの学力，B くんの体格など）。最後に誤差とは，項目の数だけ存在し，項目の因子負荷量の対を成す情報である。ある項目のすべての因子負荷量の 2 乗の合計は「共通性」と呼ばれるが，共通性が低い項目とは，抽出した因子のいずれからの影響も受けていない「一匹狼」的な項目だといえる。このことを基準に，共通性が項目群の中で著しく低い項目を除外するという方法もある。

　相関係数の情報を因子負荷量，因子得点と誤差に分ける方法には，さまざまな手法があるが，これらは総称して「因子の推定法」と呼ばれる。推定法の違いは，上記の誤差をどのように考えるかによって大きく異なる。代表的な手法として，最尤法，最小二乗法，主因子法がある。最尤法は，得られたデータから最も得られやすい因子モデルを推定する方法で，尤度（もっともらしさ）を最大化する推定法である。最小二乗法は，因子モデルとデータの乖離を最小化する方法であり，得られたデータに忠実な因子モデルを抽出する。主因子法は，共通性の初期値から繰り返し計算を用いて測定誤差を定義する方法であり，計算上は最小二乗法に一致するものの，不適解（誤差分散が負になるなど，因子モデルが求まらないこと）が出にくい手法である。

第 7 章

心理尺度をつくる：
信頼性，妥当性の検討

　これまでの章でも紹介したように，「心理尺度とは，個人の心理的傾向（意識，感情，状態，態度，欲求，行動など）の程度を測定するために，その心理的傾向と関連する質問項目から作られた物差しである」（堀，2001）。前章では，心理尺度として適切な項目を選ぶという過程を学んだが，この段階では，まだ"ものさし"としては完成してない。

　心理尺度として完成させるためには，たとえば，作成した項目によって測定されたデータが，測定すべき概念を正しく測定しているのかという心理尺度の**妥当性**（validity）や，時間を置いて同じ個人に繰り返し回答を求めても同一の測定データが得られること（安定性），類似した項目に対する回答反応が似ていること（一貫性）といった心理尺度の**信頼性**（reliability）を科学的に検証する必要がある。そこで本章では，適切な物差しとして心理尺度を完成させる過程として，信頼性と妥当性について見ていこう。

1 節　信頼性とは

　心理尺度の**信頼性（reliability）**とは，測定結果の一貫性や安定性といった意味に近いものである。心理尺度の信頼性は多様な観点から評価できる。たとえば，信頼性の高い心理尺度は，同一の調査対象者に繰り返し使用したときにいつでもおおよそ同じ得点が安定的に得られると期待できる。また，信頼性の高い心理尺度はどのような調査の場面・方法・対象であっても，安定して同じ構成概念を測定することができるはずである。さらに言えば，心理尺度を構成する一つひとつの項目同士にも，信頼性の高い心理尺度ならば内容の一貫性が明白に認められるだろう。

1　信頼性の種類と検討方法

　心理尺度の信頼性を表わした数値は"信頼性係数（reliability coefficient）"と呼ばれ，ギリシャ文字の ρ（ロー）で書き表わされる。心理尺度の実際の測定結果には，"真の値"と"誤差"が含まれている。信頼性係数は，実際の測定結果の分散に対して真の値の分散が占める割合を意味しており，最小値が 0，最大値が 1 という範囲をとる。真の値は実際には観測できないものであり，私たちはデータから"信頼性係数の推定値"を算出する。後述する α（アルファ）係数や ω（オメガ）係数も信頼性係数の推定値の一種である。

　ここでは，心理尺度の信頼性の代表的な側面として**内的一貫性（internal consistency）**と**再検査信頼性（test-retest reliability）**を紹介する。

2　内的一貫性

　心理尺度の内的一貫性とは，ある心理尺度を構成する複数の項目間の内容や測定結果の共通性・類似性を指している。心理尺度の多くは複数の項目から構成されている。測定しようとする構成概念を各項目が理想どおりにとらえることができているならば，各項目間には高い共通性が認められるはずである。

　内的一貫性を確認する分析には，さまざまな手法があるが，本章では，代表的なものを以下に 4 つ紹介する。

(1) 折半法

心理尺度を構成する複数の項目をランダムな方法で2分割する（たとえば，項目の前半群と後半群や，項目番号の奇数群と偶数群）。そして，折半した項目群のそれぞれで合計得点を算出し（逆転項目があれば先に逆転しておく），その合計得点間の相関係数を算出する方法を**折半法（split-half method）**という。項目全体が十分な共通性をもっていたならば，折半法によって算出される相関係数の値は高いはずである。

折半法を用いた場合，実質的には，もともとの心理尺度の"半分"の長さの2尺度間について相関係数を算出することになってしまう。そこでもともとの長さの心理尺度の信頼性を算出できるように修正を行なう。これは"スピアマン－ブラウンの公式（Spearman-Brown formula）"と呼ばれ，

$$\rho_{SB} = \frac{2r}{1+r}$$

で信頼性係数を求めることができる。rはもともとの長さの半分の2尺度間について算出した相関係数である。

折半法の問題点として，同じ心理尺度であっても項目の折半の仕方によって，算出される結果が変化してしまうことがあげられる。

(2) クロンバックの α 係数

前述した折半法を用いて，すべてのありうる折半の仕方で，1つの心理尺度から多数の信頼性係数を算出することが理論上可能である。それらの信頼性係数の平均は，**クロンバックの α 係数（Cronbach's coefficient α）**と呼ばれている。クロンバックの α 係数は，値が1つに定まらないという前述の折半法による信頼性係数の問題点を回避することができる。

すべての質問項目を標準化して，平均が0，標準偏差が1となるように変換した場合において，クロンバックの α 係数は，

$$\alpha = \frac{k\bar{r}}{1+(k-1)\bar{r}}$$

で求めることができる。k は心理尺度の項目数，$\bar{r}$ はすべての項目間の相関係数の平均である。α 係数の高い心理尺度は，$\bar{r}$ が高い値であるという特徴がある。また，$\bar{r}$ が一定であるとき k が高い値であるほど α 係数は高くなるという関係性がある。見方を変えれば，項目間の相互の相関係数が平均的にそれほど高い値でなくても，尺度全体の項目数が多いときには α 係数は高い値になりやすいという特徴があるといえる。

(3) マクドナルドの ω 係数

　クロンバックの α 係数が項目間の相関係数に基づいているのに対して，その代わりに因子分析を行なったときの心理尺度の各項目の因子負荷量と誤差分散を用いて信頼性係数を推定することができる。これは**マクドナルドの ω 係数 (McDonald's coefficient ω)** と呼ばれる信頼性係数の推定量である。α 係数は，尺度の各項目の真の値の分散が等しく，各項目間の共分散が等しいという前提条件が満たされていなければ，信頼性を評価する指標として適切であると保証できない。ω 係数にはそのような制約ともいえる前提条件がないため，より幅広い状況で適切に信頼性係数を推定することが可能である。

　近年の心理尺度の信頼性をめぐる議論の中で，クロンバックの α 係数に頼りすぎることへの批判的な意見が増えている（高本・服部，2015；岡田，2015）。そして α 係数と同時に，項目間の相関係数の範囲や ω 係数を併記することが推奨されている。清水（2016）の統計分析ソフト HAD を用いると，因子分析を行なった際に下位尺度ごとの α 係数と ω 係数を算出することが可能である。HAD は，Excel 上で動くマクロプログラムなので，手軽に利用できるうえに多機能である（http://norimune.net/696）。

(4) 主成分分析

　ある構成概念を一次元的にとらえる視点に立ったとき，その構成概念の測定尺度の内的一貫性を**主成分分析（principal component analysis）**によって検討することも可能である。主成分分析は，因子分析（第6章参照）と類似した分析と解釈されることがあるが，分析の目的は異なる。因子分析は，多くの情報（心理尺度の場合は項目）に共通する因子を見つけることが目的であり，図

84　第2部　調査法の実習「心理尺度をつくる」

6-7 のように因子から各項目に向かって矢印がのびる関係性における分析である。一方，主成分分析の目的は情報を縮約すること，つまり，情報（各項目）をある合成変数として集約する（因子分析とは変数間の矢印の向きが逆の）分析を行なうものである。

表 7-1 には，自尊感情の測定尺度 10 項目について，主成分分析を行なった結果の例を示した。ここでの主成分とはすなわち，この尺度が測定しようとする構成概念そのものを表わしている。固有値ならびに寄与率は，主成分分析に用いた項目全体の情報量の中で，抽出された主成分がどの程度の割合を占めているかを表わしている。

各項目に注目すると，主成分負荷量が高い項目は構成概念の内容をより強く反映した項目だと見なせる。主成分負荷量が負の値となる項目は，いわゆる逆転項目であると考えてよい。すべての項目の主成分負荷量の絶対値が高い値を示したならば，尺度全体としての内的一貫性は十分に高いと考えられる。主成分負荷量の高さを判断する際の絶対的な基準はないが，経験的に .40 以上や .50 以上といった基準が用いられることが多い。

主成分負荷量の低い異質な項目が少数見つかった場合は，その項目を取り除

表 7-1　主成分分析を行なった結果の例：ローゼンバーグの自尊感情尺度（Rosenberg, 1965）の主成分分析の結果（n = 63）

	主成分負荷量		
	10 項目	9 項目	7 項目
少なくとも人並みには，価値のある人間である	.74	.73	.75
だいたいにおいて，自分に満足している	.72	.71	.67
いろいろな良い素質をもっている	.68	.68	.68
物事を人並みには，うまくやれる	.66	.63	.62
何かにつけて，自分は役に立たない人間だと思う	-.62	-.64	-.68
敗北者だと思うことがよくある	-.54	-.57	-.59
自分はまったくだめな人間だと思うことがある	-.52	-.56	-.58
自分に対して肯定的である	.43	.41	—
自分には，自慢できるところがあまりない	-.36	-.38	—
もっと自分自身を尊敬できるようになりたい	.16	—	—
固有値	3.26	3.25	3.02
寄与率	32.61%	36.05%	43.15%

いた残りの項目のみを用いてその後の研究や分析を行なうこともありうる。その際には，残りの項目だけを用いて再度，主成分分析を行ない，残りの項目全体の主成分負荷量を再確認すべきである。表7-1からもわかるように，主成分分析に使用する項目が変われば，主成分負荷量の値の結果も変化してしまうためである。

(5) 内的一貫性を検討する際の注意点

　心理尺度の内的一貫性をあらわす信頼性係数の値はどのぐらいの数値ならばよいか，という問いに対して絶対的な答えは存在しない。目安の一つとしてミラーら（Miller, McIntire, & Lovler, 2011）は，心理尺度の信頼性係数は最低でも ρ =.70，望ましいのは ρ =.80以上であると提言している。ただし，表面上の数値だけでなく，その他の状況を総合的に鑑みる必要がある。たとえば，上述のクロンバックの α 係数の式に数値を代入して考えてみてほしい。心理尺度を構成する質問項目が5項目（$k=5$）のとき，項目間の相関係数の平均が $\bar{r}$ = .10ならば α 係数は.36という値になる。しかし質問項目が50項目（$k=50$）のときには，項目間の相関係数の平均が同じように，$\bar{r}$ = .10であっても，α 係数は.85となる。

　また，後述する"妥当性"を考慮すると，心理尺度の内的一貫性は高ければ高いほどよいとは言えなくなってくる。そもそも心理尺度の多くがなぜ複数の項目から構成されているのかを考えてみてほしい。心理的な構成概念は通常，複雑な内容を含んでいる。複雑な構成概念全体を幅広くとらえるためには，多様な表現・内容からなる複数の項目が必要だと考えられる。内的一貫性が極端に高い心理尺度は，各項目の内容や表現に多様性がなく，過度に冗長な状態と

表7-2　内的一貫性が高すぎる項目例

私は学業優秀な学生である
自分のことを優等生だと思う
私は学業面で秀でた学生だといえる
学業上において，私は優れた学生だ
私は素晴らしい学業成績を有している
自分の学業能力は優良だと感じる

なっている可能性が高い（表7-2）。これでは心理尺度を複数の項目から構成している意味がなくなり，測定したい構成概念の偏った一側面のみが測定結果に反映されることとなるだろう。

この問題は「帯域幅と忠実度のジレンマ（bandwidth-fidelity dilemma）」として知られている。内的一貫性を高めようとすれば妥当性が低下する恐れがあり，妥当性を高めようとすれば内的一貫性が低下しかねないというトレードオフの関係性を意味している。

3　再検査信頼性

心理尺度の再検査信頼性を確認するためには，同一人物を調査対象として，時間間隔をおいて複数回の調査を実施し，得られたデータ間の関連の強さを検討する。再検査信頼性の指標としては相関係数を用いることが多い。1回めと2回めの測定結果間の相関係数が高い正の値であれば，その心理尺度による測定からは，時間や回答状況を越えて安定したデータを得ることができると考えられる。

(1) 再検査法

再検査信頼性を検討するために，同一の心理尺度を繰り返し使用する方法を**再検査法**（再テスト法；**test-retest method**）と呼ぶ。1度めと2度めの測定の間隔が短かすぎると，1度めの測定時の記憶や練習の影響が2度めの測定結果に反映される恐れがある。反対に，測定の間隔が長すぎると，経験や発達によって測定対象の真の値が変化してしまう可能性がある。測定しようとする構成概念の種類や特徴をふまえて，適切な測定間隔を考慮しなければならない。

(2) 並行検査法

前述の再検査法では，同一の心理尺度を2度用いているため，1度めの測定が2度めの測定に影響を与えやすい。そこで，平均値や分散が等質となるようなもう一つの別尺度を作成して用いる方法を，**並行検査法**（並行テスト法；**parallel test method**），または代理検査法（代理テスト法；alternate form method）と呼ぶ。ただし，心理尺度で並行検査法を試みるということは，新

たにもう一つの心理尺度を開発するということに等しい。しかも両尺度を本質的に等価となるように調整しなければならないため，現実的にはきわめて大きな労力を伴うだろう。

(3) 再検査信頼性を検討する際の注意点

　再検査信頼性を検討しようとするとき，心理尺度が測定しようとする概念の"真の値"が，検査と再検査の間で変化していないことが前提となっている。そこで少なくとも，2つの測定時の間の相関係数だけでなく，同時に平均値に統計的な有意差が見られないことを検討すべきである。

　内的一貫性と同様に再検査信頼性の値にも，これでよいといえる絶対的な基準はない。参考までに高本・服部（2015）によると，過去にわが国の学術論文で報告された再検査信頼性係数の値はおおむね .70 を越えており，測定間隔は短いもので1週間，長いものでは半年以上とされる。

2 節　妥当性とは

　心理尺度の**妥当性**（validity）とは，測定したいものを確かに測定できていること，調査者が求めている情報が得られること，を意味している。心理尺度の妥当性もまた多様な観点から評価できる。たとえば，妥当性の高い心理尺度は測定結果に基づく測定対象の将来の予測が正確なものとなるはずである。また，妥当性の高い心理尺度は他のさまざまな変数との関係性が理論的な予測と一致して然るべきである。加えて，妥当性の高い心理尺度の項目の内容や構成は，その構成概念に精通した専門家から見ても違和感のないものでなくてはならない。これらはいずれも，測定したいものが本当に正しく測定できていれば当然満たされる条件だといえよう。

1　妥当性の種類と検討方法

　心理尺度の妥当性とは，"測りたいもの"を測っているかどうかを意味する。心理尺度の妥当性についてはじめに，**内容的妥当性**（content validity），**基準**

関連妥当性（criterion-related validity），構成概念妥当性（construct validity）
を紹介する。この３つを妥当性の特に重要な側面と見なす立場は，アメリカ心
理学会（APA, 1966）の "*Standards for educational and psychological tests
and manuals*" に依拠するものと考えられ，「Trinitarian View（三位一体観）」
とも呼ばれる。

2　内容的妥当性

　内容的妥当性とは，第４章でも紹介したように，心理尺度の質問内容が測定
しようとする構成概念の全体を過不足なく必要十分にとらえているか否かを示
すものである。内容的妥当性は理論的な考察や尺度作成の手続きに基づく点が
大きい。尺度項目が含む語彙や表現，項目が導出されるまでの過程，測定の実
施方法などの適切さを総合的に考慮して，複数の専門家による独立した判断や
評価の一致をみることによって，内容的妥当性を確かめることができる。

3　基準関連妥当性

　基準関連妥当性とは，外的な基準との関連性から推し測る妥当性である。基
準に対する着眼点の違いによって，基準関連妥当性の中にもさまざま側面が存
在するが，特に注目されることが多いものとして，**併存的妥当性**（concurrent
validity）と**予測的妥当性**（predictive validity）がある。
　外的な基準を心理尺度と同時期に得られる別指標とした場合を，併存的妥当
性と呼ぶ。たとえば，心理尺度による測定結果と，医師による診断や，先行研
究で確立されている既存の心理尺度との相関係数を求めることで検討が可能で
ある。注意すべき点として，既存の心理尺度との高すぎる併存的妥当性は，双
方の尺度がほとんど同等であることを意味するため，新たに開発した心理尺度
の必要性が疑われてしまうことになりかねない。
　外的な基準を心理尺度の測定よりも将来に得られる別指標とする場合は，予
測的妥当性と呼ばれる。たとえば，大学入学時の測定結果と大学卒業時の学業
成績や，入社前の適性検査と入社後の勤務評定との相関係数が高ければ，高い
予測的妥当性があるといえる。

4 構成概念妥当性

構成概念妥当性とは，心理尺度が測定しようとする構成概念とは異なる他の心理的な構成概念との関係性から推し測る妥当性である。構成概念妥当性の中にはさまざまな側面が存在するが，概念間の関係性について細かく見ていくと，**収束的妥当性（convergent validity）**と**弁別的妥当性（discriminant validity）**は必ず含まれる側面であり，これらは構成概念妥当性の代表的な基準である。構成概念をとらえる理論的枠組みから見て，関連があると考えられる変数と高い相関が見られたならば収束的妥当性が高いといえる。一方，関連がないと考えられる変数と相関関係が認められなかった場合は，弁別的妥当性が高いといえる。構成概念妥当性を綿密に検討するためには，収束的妥当性と弁別的妥当性がともに高いことを確認する必要がある。

5 単一的な妥当性概念

心理尺度の妥当性は，内容的妥当性・基準関連妥当性・構成概念妥当性に大きく分けられ，この3本柱によって支えられているといった理解の仕方は，おそらく直感的には受け入れられやすいが，決して正確なものとはいえない。また，数多くの研究者がそれぞれの立場から多様な妥当性概念を提案しているが，これらの妥当性のタイプの間にはさまざまな共通点があり，本質的には区別ができない点もある。

メシック（Messick, 1989）は，妥当性に異なるサブ・タイプを名づけて理解するのではなく，1つの構成概念妥当性に統合してとらえる視点を提言している。この枠組みは"単一的な妥当性概念（unitary concept of validity）"と呼ばれ，すべての妥当性・信頼性は構成概念妥当性に集約されるという考え方である。妥当性をさまざまなサブ・タイプに分けてとらえる視点に立つと，妥当性のサブ・タイプを一通り確認しただけで，心理尺度の妥当性検討についての"みそぎ"が終わったかのような印象をもってしまいやすいといわれる（村山, 2012）。単一的な妥当性概念の視点は，そのような誤謬を遠ざけるのに役立つ。

3節　信頼性と妥当性の関係性

　心理尺度の信頼性と妥当性はそれぞれ独立した別個のものではない。信頼性と妥当性の相違および関係性を表現するために，これまで的と矢の比喩がよく用いられてきた。ここではさらに「構成概念の中核」「構成概念の周辺」「構成概念の外」という3層を注釈として加えて，詳細な説明を試みている（図7-1）。

　この比喩は信頼性が妥当性の必要条件であることを表わしている。つまり，信頼性があっても妥当性があるとは限らないが，妥当性があるならば必ず信頼性もあると考えられる。ただし，この比喩によって伝えたいことは，信頼性よりも妥当性のほうがより価値があって優先されるということではない。日本テスト学会（2007）は"信頼性は妥当性を保証するための最初の関門"だと表現している。また単一的な妥当性概念の立場から見れば，信頼性も大きな意味で

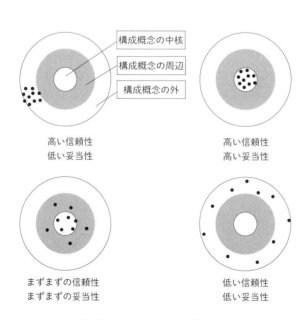

図 7-1　心理尺度の信頼性と妥当性に関する的と矢の比喩

表7-3　信頼性と妥当性の諸概念の関係性

単一的な妥当性概念	信頼性・妥当性をとらえる枠組み ←統合的な視点　　　詳細な視点→			サブタイプの説明
	ハイ・タイプ	メジャー・タイプ	サブ・タイプ	
単一的な妥当性概念における「構成概念妥当性」	一般化可能性の側面の証拠	信頼性（reliability）	内的一貫性／内的整合性（internal consistency）	各項目の測定結果が尺度内で一貫している程度。
			再検査信頼性（test-retest reliability）	尺度の測定結果が時間を越えて安定している程度。
		妥当性（validity）　外的妥当性（external validity）	交差妥当性（cross validity）母集団妥当性（population validity）	測定の内的妥当性の証拠が，サンプルの種類を越えて安定的に確認できるか否かや，異なる母集団に対して一般化できる程度。
			生態学的妥当性（ecological validity）	測定の内的妥当性の証拠が，実験室のような統制された環境だけでなく，他の多様な環境においても一般化できる程度。
	内容的な側面の証拠	内的妥当性（internal validity）　（広義の）内容的妥当性（content validity）	（狭義の）内容的妥当性（content validity）論理的妥当性（logical validity）	専門家から見て，心理尺度が測定したいものを測定できているようにみえるか否か。心理尺度の内容が適切であるか否か。
			表面的妥当性（face validity）	非専門家・一般の人から見て，心理尺度が測定したいものを測定できているようにみえるか否か。
	外的な側面の証拠	基準関連妥当性（criterion-related validity）	併存的妥当性（concurrent validity）	調査実施と同時に測定した外的基準と関連があるか否か。
			増分的妥当性（incremental validity）	複数の心理尺度を用いて一つの予測システムをつくるとき，その心理尺度を組み入れることでシステム全体としての予測力がどの程度増すかを意味する。同じシステム内の別尺度を外的基準と考えたときの併存的妥当性とはトレードオフの関係になる。
			予測的妥当性（predictive validity）	調査実施後の未来に測定した外的基準と関係があるか否か。
			差異妥当性（differential validity）	外的基準の違いによって基準関連妥当性の複数の結果間に大きな差異が生じることを意味する。心理尺度があらゆる外的基準を予測するのではなく，ある外的基準を特定的に予測できることを示している。
	本質的な側面の証拠	構成概念妥当性（construct validity）	収束的妥当性（convergent validity）	理論的に関連がある変数と関連があるか否か。
			弁別的妥当性（discriminat validity）	理論的に関連がない変数と関連がないか否か。
			本質的妥当性（intrinsic validity）	見かけ上の相関関係（疑似相関）ではなく，測定結果と構成概念に本質的な関係があるといえる程度。心理尺度への回答プロセスに心理学的なリアリティがあるか否か。
	構造的な側面の証拠		因子的妥当性（factorial validity）	理論的な想定と実際のデータの因子分析結果が整合的であるか否か。尺度内に測定概念の各要素が必要十分に含まれているか，という点では内容的妥当性の側面をもつ。尺度の内的構造を確認している場合には構成概念妥当性としての側面をもつ。

注）内的妥当性とは，ある特定の場面や特定のサンプルから得られた妥当性の証拠について，因果関係の統計的推測が適切であることを意味している。一方，外的妥当性とは，異なる場面や別のサンプルに対しても，内的妥当性がどの程度適応可能であるか，という一般化可能性を意味している。外的妥当性は外部妥当性，内的妥当性は内部妥当性と呼ばれることもある。

　信頼性や妥当性をこのように分類整理的にとらえる視点は，心理尺度の妥当性の実証的検討がサブ・タイプを網羅することで完結するという誤った印象を与えてしまうかもしれないが，ここでは，伝統的な視点と比較的新しい単一的な妥当性概念の視点をもとに信頼性と妥当性の多様なサブ・タイプを一覧表にまとめることを試みた。この意味で，ここに含まれていないサブ・タイプも数多く存在していることに留意してほしい。

構成概念妥当性の重要な一側面を担っているといえる。的と矢の比喩が表わしていることは，信頼性なくして妥当性の高い心理尺度は存在しえないということでもある。

　本書では，心理学の論文や文献で比較的目にすることが多いさまざまな信頼性・妥当性概念の名称を取り上げ，それらの対応的な関係性の分類を試み，一覧表として表7-3にまとめた。近年，心理尺度の妥当性（validity）の代わりに，**妥当化（validation）** という表現を使用することが増えている。その背景には，妥当性の有無という区分ではなく，心理尺度で測定したものが意図したものとどれだけ一致しているかという心理尺度を利用することの本来の目的を重視すべきという考え方がある。また，測定における信頼性と妥当性の議論は，一般化可能性理論（generalized theory），項目反応理論（item response theory）といった展開をもみせている。心理尺度の妥当化というプロセスは，ある意味，完結することのない長い旅路だといえる。したがって，あらゆる側面の妥当化の証拠を，重層複合的に検討し続けていくことが必要かつ重要だといえる。

心理尺度にはどの程度の項目数が必要か？

　心理尺度の多くは，複数の項目から構成されている。そのため，心理尺度に対して"なぜ似たような質問内容を何度も繰り返したずねるのか"という不満や疑問が出ることがある。

　心理尺度がとらえようとする心理的構成概念は，複雑な内容をもっていると考えられているため，心理尺度を開発するときは，ある心理的構成概念を表わす複数の語句表現や，それと関連の深い行動傾向，思考や認知のパターンなど，さまざまな内容を反映した項目群を含めることが多い。物理的に測ることができない心理的構成概念だからこそ，多様な質問項目を用いて多様な側面から概念全体の姿を問い，測定の妥当性を十分に確保するために複数の項目が必要だと考えられている。

　しかし，尺度の項目数が多すぎると，測定の実施に要する調査時間・調査票の紙幅・回答者に求める労力が大きくなる。この意味では，項目数が少なく，なおかつ妥当性と信頼性のある尺度が存在すれば，実用的で便利なツールと見なされやすい。

　近年，**単一項目尺度**（single-item scale）や超短縮版尺度と呼ばれる，きわめて少数の項目からなる心理尺度の開発および信頼性・妥当性の確認が試みられており，さまざまな理論的立場からこの問題が検討されている。情報量の多い長文の質問項目を用いる方法として，測りたい心理的構成概念の多様な側面・さまざまな内容を，1つの質問項目の文中につめ込む形式の単一項目尺度や，構成概念全体を包括的に表わす言葉を用いる方法として，測定しようとする心理的構成概念全体を包括的に表現できる言葉があると考えられる場合は，その言葉を用いてたずねる形式の単一項目尺度がある。この他，因子分析結果の共通性に基づく方法として，尺度の因子分析を行なって抽出された複数の因子について，全体に共通して高い因子負荷量をもつ1項目を選出し，それを単一項目尺度とするものもある。

調査法の実習
「心理尺度をつかう」

　第3部では，これまで学んできた調査法の基礎と心理尺度の作成過程をふまえて，実際に「つかう」ことをとおして調査法の理解を深める。調査法の代表例として，**SD法**（第8章），**経験抽出法**（第9章），**オンライン調査**（第10章）という3つの手法を取り上げ，各調査法の特徴について具体的な調査手順からデータ分析，結果の解釈までを網羅的に紹介する。これらのさまざまな「つかう」という実習をとおして，調査法を実施するうえで必要な基礎力を身につけよう。

SD 法

　私たちは，人やものに対して，さまざまなイメージをもっている。たとえば，商品であれば，このイメージの良し悪しが売り上げに関連するだろう。ある刺激に対して，個人が抱くイメージや感情的な意味を含む心理的意味を数量的に測定するために開発された方法が SD 法である。本章では，心理学以外の領域でも広く活用されている SD 法について学ぼう。

1 節　SD 法とは

　SD 法（semantic differential technique / semantic differential method）は，意味の研究方法としてオズグッドら（Osgood, Suci, & Tannenbaum, 1957）によって開発されたものである。日本語の訳語は定まっておらず，たとえば，セマンティック・ディファレンシャル法，意味細分化技法，意味微分法，意味差異法，意味差判別法，などと呼ばれている。
　SD 法は，大きく 2 つの特徴をもっている。一つは，評定者が対象概念に抱く印象としてのイメージを測定することができること，もう一つは，印象としてのイメージが，各対象概念でどのように異なっている／類似しているのか，

各評定者群でどのように異なっている／類似しているのか，を各スケールへの評定に基づいて数量的に示すことができることである。SD 法は，簡便に測定でき，結果がわかりやすいという点からも工学や産業領域において多く活用されている。

2 節　SD 法における測定と評価方法

　SD 法を実施する際には，たとえば"美しい－醜い""重い－軽い"などといった複数の形容語対からなるスケール（評定尺度）を用意する。スケールを評定者に呈示し，ある製品やデザイン，人物や国といった対象概念に対する評定を求める。このとき，SD 法によって測定しているものは情緒的意味（affective meaning）であると考えられる。
　「意味」とはどのようなものなのかという問いに対して，磯貝（1977）は図 8-1 のようにまとめている。辞典に書かれているような言葉で説明される意味は外延的意味と呼ばれる。一方，内包的意味と呼ばれるものには，対象から連想される別の言葉や，対象が生み出す気分・感情が含まれている。後者のことを情緒的意味と呼ぶ。SD 法は，対象概念の情緒的意味を測定することができる手法である。
　このように，SD 法は元来，意味の研究方法として開発されたものであるため，

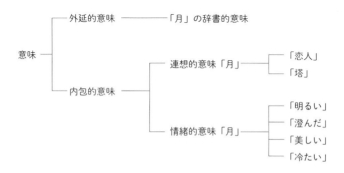

図 8-1　意味の図式化（磯貝，1977）

SD 法によって，意味の一側面である情緒的意味が測定可能だといえる。情緒的意味は，人が対象物に対して抱いている印象としてのイメージ（たとえば，良い悪いといった価値判断，好き嫌いといった好み，満足や快適さの度合いなど）と一般的に呼ばれるものを表わしている。したがって，SD 法は現在，評定者が特定の対象概念に対して抱く主観的な印象としてのイメージを数量的に測定し，分析するために利用されることが多い。

　ここでイメージという言葉の意味を確認しておく必要があるだろう。イメージという言葉は，心理学の領域では特に心的イメージ（mental imagery）という文脈で用いられることがあり，心像ともいう。この場合のイメージとは，言語以外の内的な表象を意味する。たとえば，過去の経験や記憶をもとにして頭の中で地図や音楽を思い浮かべるといったことである。しかしながら，これは本章で取り扱うイメージとは異なる。SD 法がとらえるものはあくまで印象としてのイメージであり，日常で"イメージの良い人""悪いイメージを与える""企業イメージ"といった意味で使われるものである。

3 節　実習

1　形容語対の選定と調査票の作成
　SD 法によるイメージの測定を行なうにあたって，複数の形容語対を羅列した調査票を用意する。イメージ測定の対象概念がどのようなものかに応じて，調査者は適切な形容語対を自由に選定してよい。ただし，得られた結果を対象概念間で比較したり，先行研究の結果と比較したりするためには，一貫した形容語対を用いることが望ましい。

　ミロンとオズグッド（Miron & Osgood, 1966）は人類すべてに共通する普遍的・根源的な情緒的意味（印象としてのイメージ）の体系が存在すると主張している。そのため，主な形容語対は3つのグループ（次元）：①**評価性**(evaluation)，②**力量性（potency）**，③**活動性（activity）**のいずれかに分かれると考えられている。このような考え方を前提として，形容語対の選定方法の定石を以下に述べる。まず，3つのグループからおおむね均等にいくつかの

形容語対を選ぶ。そして次に，対象概念の特色や調査目的に応じていくつかの形容語対を独自に追加する（表8-1）。

表 8-1 スケールを構成する形容語対の例

グループ	形容詞対		
評価性（evaluation）	良い-悪い	好き-嫌い	美しい-醜い
力量性（potency）	重い-軽い	大きい-小さい	強い-弱い
活動性（activity）	速い-遅い	緊張した-緩んだ	騒がしい-静かな
その他	明るい-暗い 難しい-やさしい 能動的な-受動的な 明瞭な-曖昧な	深い-浅い 複雑な-単純な 健全な-不健全な 興奮した-冷静な	堅い-柔らかい 鋭い-鈍い きれいな-きたない 幸福な-悲しい

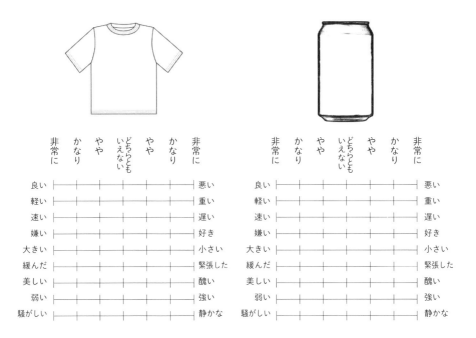

図 8-2 対象概念と形容語対を呈示する調査票のレイアウト例

第 8 章 SD 法　99

形容語対に対する評定は 5 段階や 7 段階で行なうことが多い。その場合は，評定の中央に「どちらともいえない」という評定語を示し，両端に向かって「やや」「かなり」「非常に」などといった評定語を示す場合がある（図 8-2）。評定語は他にも「どちらかといえば」「とても」「きわめて」といった表現を使用したり，両端と中央の中間に位置する評定語を部分的に省略したりすることもある。形容語対の選定方法と同様に，評定語もまた，先行研究の結果と比較するためには一貫した表現や段階を用いていることが望ましい。

2　調査の実施

評定者に対して，評定の仕方に関する教示を行なう。調査票に文面を示してもよいし，口頭で説明をしてもかまわない。たとえば，以下のようなものである。

> 「今から，□□□についてあなたがどのようなイメージをもっているのか調べたいと思います。調査票には，さまざまな形容語をあげています。それぞれの形容語について△段階で評定し，当てはまると思うところに丸をつけてください。正しい回答や間違った回答といったものはありませんから，あなたの思ったとおりに回答してください。」

SD 法によるイメージの測定は，「集団」でも「個別」でもどちらでも問題なく実施可能である。「集団」での集合調査の場合は，回答に際して，周囲にいる他の人と相談しないように教示することを忘れないようにする。

また，評定者に対してどのような方法で対象概念を呈示するかによって，得られるデータの結果が変化する可能性があることにも注意が必要である。イメージを測定したい対象概念が同じものであっても，評定者に呈示する媒体（実物・写真・イラスト・文字など）やサイズによって回答結果は変化する可能性がある。その他，回答の状況（場所の明るさ，静けさ，気温など），対象概念を観察する時間の長さ，時代背景や社会の出来事によってもイメージは大きく影響を受ける可能性がある。調査期間中に生じた大きな社会的出来事や事件・災害などによって，対象概念のイメージが一夜にして大きく変化してしまった場合，その出来事の前後のデータは同じ条件で得られたものと見なせなくなっ

てしまう。

3　データの入力

SD法によって得られたデータは，以下の3次元の情報を有している。

①どのような対象概念への評定か。
②どのような形容語対への評定か。
③どのような人による評定か。

オズグッド（Osgood, 1957）はこの3次元に基づいて，SD法によって得られたデータを図8-3のような立体構造をなす意味空間として理解した。このようなとらえ方は，SD法をあくまで「印象としてのイメージの測定法」として利用するかぎりにおいてはさほど重要なことではない。しかし，オズグッド（Osgood, 1957）がデータのありようをこのような空間として把握しようとしたのには理由がある。

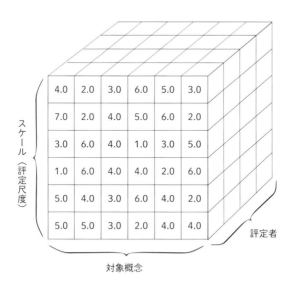

図8-3　SD法によって得られた3次元データから構成される
　　　　意味空間（Osgood, 1957）

SD法はもともと，意味の研究方法として開発されたものである。オズグッ
ド（Osgood, 1957）の唱える意味空間とは，光という物理現象をとらえる色空
間という物理学上の枠組みになぞらえたものである。色空間とは，色を秩序立
てて配列する形式である。色というものは人それぞれに見え方が異なっている。
そこでたとえば，色相・明度・彩度という色の各構成要素を軸とした3次元空
間を想定することによって，特定の色を座標で定量的に指示することができる。
空間内での距離や方向に注目すれば，2つの異なる座標同士の関係性を数学的
に記述し，予測することができる。たとえば，色空間であれば，原点をはさん
で相反する位置にある補色同士を等量ずつ混ぜれば中性色となる。また，2つ
の色座標を表わす2本のベクトルは，その突端間の距離が2つの色の類似度と
見なせる。オズグッドは，概念の意味というものについても同様に，意味空間
内の座標を用いて数学的な記述と予測が可能になると野心をもっていたのであ
る。このような研究背景こそ，SD法という名称が，意味（semantic）を細分
化（differential）する技法と名づけられているゆえんである。

4　データの分析

　実際にSD法によって得られたデータを分析しようとするときには，3次元
のデータを縮約することが多い。たとえば，全評定者の評定結果を平均するこ
とによって先述の③の次元，つまり"どのような人による評定か"という情報
をまとめてしまうことができる。これによって，あたかも立方体を押しつぶし
て平面にするようにして，各対象概念に対する各形容語対への平均評定値とい
う2次元のデータが得られる（図8-4）。

(1)　プロフィール

　このようなかたちで2次元に縮約したデータを用いて，各対象概念への評定
結果を数値ではなくプロットと線で描き表わした**"プロフィール（プロファ
イル）"**として図示することができる。あるいは，対象概念の次元から特定の
一層への評定結果のみを切り出し，評定者の属性によって分割した結果を並列
して示すことも可能である（図8-5）。プロフィールを描くことによって，対象
概念間の平均評定値の比較（たとえば，東京と大阪）や，評定者群間の平均評

	東京	大阪	京都	名古屋	福岡	仙台	
	4.1	3.9	4.5	3.2	3.6	3.4	良い－悪い
	2.9	2.7	3.2	2.8	3.1	2.8	軽い－重い
スケール（評定尺度）	4.2	4.5	3.4	4.0	3.7	3.8	速い－遅い
	4.0	3.7	4.1	3.9	3.8	4.0	好き－嫌い
	3.3	3.0	3.6	4.2	4.3	4.5	大きい－小さい
	4.4	4.1	2.7	3.3	3.0	3.5	緩んだ－緊張した

対象概念

図 8-4 SD 法による 3 次元の意味空間のうち評定者の次元をつぶして（評定者間の平均値を算出して）2 次元に縮約したデータシート

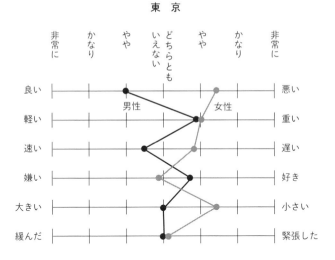

図 8-5 評定者群間の結果を比較するプロフィールの例

定値の比較（たとえば，男性評定者と女性評定者）が視覚的に理解しやすくなり，類似しているものとそうでないものが一目で見てわかる。プロフィールは，形容語対を評価性・力量性・活動性の種類ごとに並べ替えて，形容語のポジティ

第 8 章 SD 法

ブ－ネガティブな左右配置をそろえたほうが，見やすいものとなる。

(2) プロフィール間相関

ピアソンの相関係数を用いて2つの対象概念のプロフィール間の類似度を示すことができる。スケール数を n として，2つの対象概念をそれぞれ縦軸・横軸とする散布図が描かれることとなる。

(3) 因子分析

多数の対象概念について多数のスケールの結果を一つひとつ見ていくと，膨大なデータとなってしまう。そこで因子分析を用いて，各スケールへの評定の背後にいくつかの因子があることを想定し，多数あるスケールを少数の因子にまとめて結果を解釈することができる。

評定者の次元を縮約した平均評定値のデータを用いる場合，対象概念の数がスケールの数よりも多ければ，各対象概念への平均評定値に基づくスケールの因子分析を行なうことができる。各対象概念の因子得点を用いたり，各因子に因子負荷量の高いスケールの値を合計した得点を用いれば，対象概念間の結果の比較が簡単にできる。評定者の次元を縮約せずに，3次元の情報を同時に取り扱う場合は3相因子分析という方法を用いる（村上・後藤・辻本，1978；豊田・齋藤，2005）。

なお，先にSD法の評価形容語として3つの因子（評価性，力量性，活動性）が想定されていると述べたが，実際にSD法で得られた結果について因子分析を行なうと，この3因子が抽出されない場合もある。それは，因子分析の結果というものは，対象概念の違い，形容語対の違い，評定者サンプルの違い，そしてこれらの交互作用によって変わりうるものだからである（増山，1993）。SD法を用いて研究を行なう際には，研究目的と評価すべき次元（因子）を考慮しながら，適宜得られたデータの特徴や統計結果に基づいた解釈を行なう必要がある。

経験抽出法

　私たちは日常生活の中でさまざまな出来事を経験するが，そのときに感じる気持ちや行動などを随時測定することができれば，人の行動や心のはたらきを理解することを目指している心理学において，貴重なデータとなりうる。人が時間をどのように使っているのかを調べるために開発されたデータ収集法が経験抽出法である。この調査法の強みは，経験した出来事からあまり時間をあけずに一定期間，人の感情や思考，行動などのデータの記録を行なう点にある。本章では，一日再構成法や日記法などを含めた経験抽出法について見てみよう。

1節　経験抽出法とは

　経験抽出法（experience sampling method：ESM）とは，日常生活を送っている調査対象者に対して，数日間にわたって一日数回，定刻もしくは無作為な時刻における測定を実施するという調査法である（尾崎・小林・後藤, 2015）。経験サンプリング法と訳されることもある。**生態学的経時的評価法**（ecological momentary assessment：EMA）と呼ばれる調査法も同類のもの

である。自然な日常生活の流れの中から，人が経験する出来事や状況の一部を複数抜き出してサンプリングするという発想に基づいている。

　典型的な経験抽出法の調査では，携帯しやすいようにアレンジされた調査票冊子が調査対象者に手渡される。調査票冊子の中には，多数の心理尺度や自由回答式の質問項目などが設けられている。特定の内容からなる一連の質問項目セットが，調査期間や記録回数に応じた分量で，数十編にわたって綴られている。調査対象者が回答を記録するタイミングは，携行させたシグナル（アラーム音やバイブレーションなど）を発する機器などによって知らされる。研究者は研究の目的に応じて，シグナルの頻度や時間間隔の計画を立て，コントロールする。シグナルが発せられるたび，調査対象者は同じ内容の質問項目セットに対して何度も繰り返し回答を行なうことになる。

　本章では，日常生活の中の時間経過とともに経験する出来事や心理状態の変化についてのデータを収集することができる経験抽出法と，経験抽出法に比べてより短い調査期間と少ない測定回数で実施可能な調査法として，**一日再構成法**（day reconstruction method：DRM）と，**日記法**(diary methods / diary recording method）を紹介する（図9-1）。

広義の経験抽出法：自然な日常生活の流れの中から，人が経験する出来事や状況の一部を複数抜き出して情報を得る調査法		
	狭義の経験抽出法（ESM）	**一日再構成法（DRM）**	**日記法**
調査期間	数日から1週間以上	およそ60分	数日から1週間以上
測定回数	大量の複数回測定（たとえば，1日8回を1週間行なって計56回）	単発測定（1回）	少数の複数回測定（たとえば，1日1回を1週間行なって計7回）
想起のバイアスの問題	経験したその瞬間の回答が得られる	経験から1日経過した回答が得られる	経験したその日のうちの回答が得られる
データの時間的変化	日内変化および日間変化を検討可能	日内変化を検討可能	日間変化を検討可能

図9-1　経験抽出的な特徴をもつ3種類の調査法の比較

1　経験抽出法による調査のメリット

　経験抽出法のメリットとして，第1に，経験抽出法は他の単発測定（one-shot measure）のデータ収集を行なう調査法と比較して**生態学的妥当性（ecological validity）**が高いとされている点があげられる。生態学的妥当性とは，研究結果をさまざまな状況や環境の要因を超えて一般化できる程度を意味している。基礎的・実験的な心理学の研究は管理と統制の行き届いた実験室的環境で行なわれることが多い。これには，剰余変数を可能なかぎり排して，研究上の独立変数が従属変数に及ぼす影響を正確にとらえるという目的がある。しかしその一方で，非現実的で人工的な環境設定のもとで得られた知見が，本当に現実で起きる現象の予測に役立つのかという疑問が生じる。経験抽出法は，このような問題に対応できる研究手法であることから，高い生態学的妥当性が認められるのである。

　第2のメリットとして，経験抽出法を用いると，一時的に生じる感情や心理的状態について，その瞬間その場での自己報告や評定を得ることができる点があげられる。たとえば，過去の経験について思い出して回答してもらうような回想法を用いた場合には，実際の出来事の経験時点から回答時点までの間に時間的な間隔があり，記憶の変化や忘却が回答結果に与える影響が避けられない。経験抽出法ではこのような想起がもたらすバイアスがあまり問題とならないというメリットがある。

　第3のメリットは，経験抽出法によって得られるデータは時間的解像度が高いことである。つまり，一日数回の回答を数日間にわたって採取するため，時間的変化や経験前後の状況との相互作用についても検討することができる。朝から晩までの一日の生活の中で生じる日内変化と，数日間にわたる日々の生活の中で生じる日間変化の両方の個人内変化の過程を詳しく鮮やかにとらえることができる。

2　経験抽出法による調査の問題点

　前述のように経験抽出法による調査にはさまざまなメリットがあるが，一方で，実際の調査実施においてはクリアしなければならない問題点も指摘できる。経験抽出法による調査は，調査対象者に対して日に何度も繰り返し回答を求め，

しかもそれが数日間にも及ぶことから，調査全体として調査対象者に求める負担や労力が非常に大きいものとなる。負担が大きいことによって，回答を途中放棄する人が増加してしまったならば，最終的に得られる有効回答のデータは偏った結果と見なされてしまうだろう。有効回答を確保するために，調査に報酬を設定することもあるが，それですべての問題が解決するわけではない。報酬目当てのいいかげんな回答や不誠実な回答の増加も新たな問題となる。

2 節　実習：一日再構成法

　一日再構成法とは，調査対象者が昨日経験した出来事について，時系列に沿って一つひとつ想起させ，その経験内容や感情状態について質問紙へ回答させる調査法である。人が一日の時間をどのように過ごし，何を経験しているか，タイム・スケジュールに合わせて情報を得ることができる（Kahneman, Krueger, Schkade, Schwarz, & Stone, 2004）。一日再構成法が，経験抽出法の代替手法として高い妥当性を示すことは多くの研究によって確認されている（レビューとして，Diener & Tay, 2014）。

　この調査法は単発測定の質問紙調査を行なうだけですむため，経験抽出法よりも簡便な方法である。ただし，実際の出来事の経験から回答までの間に約1日の時間が経過しているため，想起によるバイアスの影響が経験抽出法よりも大きくなることは否めない。また数日間ではなく昨日のことだけをたずねるため，日内変化をとらえることは可能だが，日間変化については知りえない。

1　一日再構成法による質問紙調査
　一日再構成法で用いる質問紙は，（1）昨日一日のタイム・スケジュールの想起，（2）昨日一日の中の複数時点における出来事や感情の回答，の2部構成からなる。また，必要であれば事前に，心理特性や社会経済的地位といった日内の変化や経験とは別の特性的変数の測定を行なう。ここでは，正式な一日再構成法による質問紙調査の手続きを簡略化した方法を用いて，一日の流れの中で人が感情と出来事をどのように経験しているかを調べる。

(1) 昨日一日のタイム・スケジュールの想起をさせるページ（図 9-2）

起床から就寝まで一日のすべての流れを時系列に沿って細かく区切り，一つ

◆あなたが昨日，どのような一日を過ごしたのかお尋ねします。
朝起きてから，夜寝るまでの間に，どのような出来事があったか順に思い出してください。

出来事それぞれにタイトルをつけ，次のページの表に記入し，順に番号をつけてください。
1つの出来事の長さは，もっとも短いもので30分程度，もっとも長いもので3時間程度にしてください。
あまり深く考え込まず，およそ10個〜20個程度の出来事を記入してください。

※個人のプライバシーに関わる氏名・名称・活動については，具体的に書く必要はありません。
たとえばイニシャルや適当なアルファベットを用いて，Y.M. さん，N 先生，T サークル，D ゼミ，といった匿名表記をしてもかまいません。ただし，同一人物や同一活動がくりかえし登場する場合は，必ず一貫した匿名表記を用いてください。

◆記入例

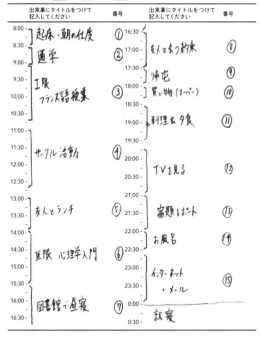

図 9-2　昨日一日のタイム・スケジュールの想起をさせる質問紙の教示と記入例
注）記入例では，後の回答との対応をわかりやすくするために，時系列に沿って出来事に番号をつける工夫をしている。

第 9 章　経験抽出法　109

ひとつの出来事に名前をつけてもらう。調査対象者に昨日一日を正確に思い出してもらうために，時間をかけてこのような手続きをとっている。

本来の一日再構成法による調査では，昨日一日のすべての出来事について，そのときの感情経験や出来事の詳細を逐一回答してもらう。実習としては，回

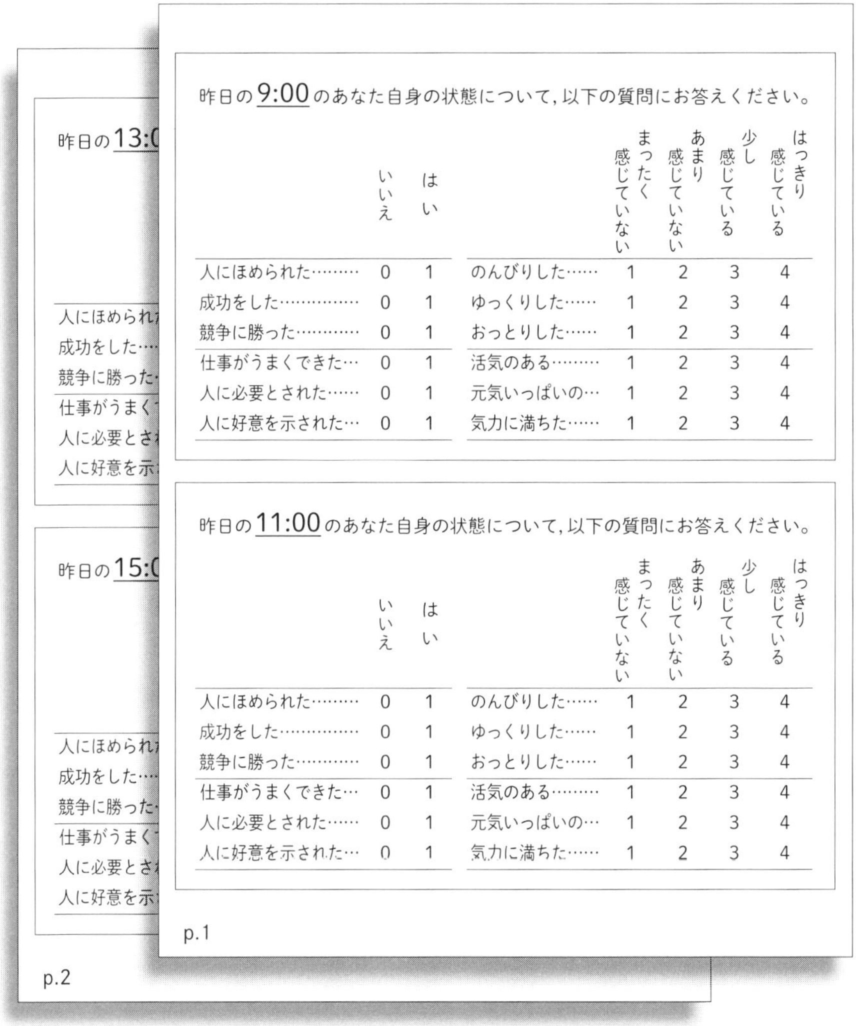

図 9-3　昨日の各出来事について内容や感情を測定する質問紙レイアウト例

110　　第 3 部　調査法の実習「心理尺度をつかう」

答の負担を減らすために，昨日一日の中の２時間おきの定刻（9時・11時・13時・15時・17時・19時・21時の計7時点）について，調査対象者自身の感情状態・出来事への評価を，想起に基づいて回答するように教示する。

(2) 昨日一日の中の複数時点における出来事や感情の回答をさせるページ（図9-3）

一日の時間の流れの中での変化をとらえたい心理的構成概念を測定する。同一の内容からなる一連の質問項目セットを用意し，指定した定刻それぞれについての回答を求める。例として図9-3には，6項目2件法の「ポジティブ出来事の経験」（市村，2012）と，3項目ずつ4件法の「非活動的快感情および活動的快感情」（寺崎・岸本・古賀，1992）の測定項目を示した。

2 データの入力

一日再構成法で得られたデータの入力例を図9-4に示した。原則的に，同一人物から得られたデータはデータシートの同一の行に入力する。したがって左から右へ向かって，早い時点の結果から順に，第1時点（9：00），第2時点（11：00），第3時点（13：00）と続き，そして最後は第7時点（21：00）までデータが累積されていくかたちになっている。

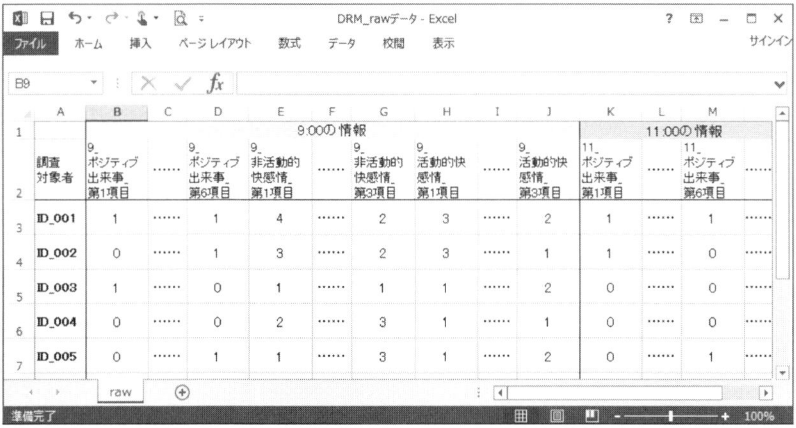

	A	B	C	D	E	F	G	H	I	J	K	L	M	
1		9:00の情報									11:00の情報			
2	調査対象者	9_ポジティブ出来事_第1項目	……	9_ポジティブ出来事_第6項目	9_非活動的快感情_第1項目	……	9_非活動的快感情_第3項目	9_活動的快感情_第1項目	……	9_活動的快感情_第3項目	11_ポジティブ出来事_第1項目	……	11_ポジティブ出来事_第6項目	……
3	ID_001	1	……	1	4	……	2	3	……	2	1	……	1	……
4	ID_002	0	……	1	3	……	2	3	……	1	1	……	0	……
5	ID_003	1	……	0	1	……	1	1	……	2	0	……	0	……
6	ID_004	0	……	0	2	……	3	1	……	1	0	……	0	……
7	ID_005	0	……	1	1	……	3	1	……	2	0	……	1	……

図9-4　一日再構成法で得られたデータのローデータ入力例 DL

注）途中のデータ部分は点線で省略して示している。

3　尺度得点の算出

　データの入力が終わったら，入力のミスがないことをチェックする（第5章参照）。次にチェック終了済みのデータを用いて，時点ごとに各尺度の項目素点を単純加算することによって尺度得点をそれぞれ算出する。本実習では7時点それぞれで「ポジティブ出来事の経験（6項目）」「非活動的快感情（3項目）」「活動的快感情（3項目）」の3種類の回答を求めたため，合計21の尺度得点を算出する。

4　クロス表と時系列グラフの作成

　得られた尺度得点の結果から，全調査対象者の平均値を算出する。その平均値を用いて一日の時点ごとに経験および感情が変化する様子をグラフに表わしてみる。Excelでグラフを作成する際は，まずグラフに表わしたいデータをクロス表のかたちにまとめておくとよい（図9-5）。

　Excelで図9-5のようにクロス表のかたちにまとめたデータを選択し，画面の上部にあるリボンから［挿入］［グラフ］などを選択して折れ線グラフを作

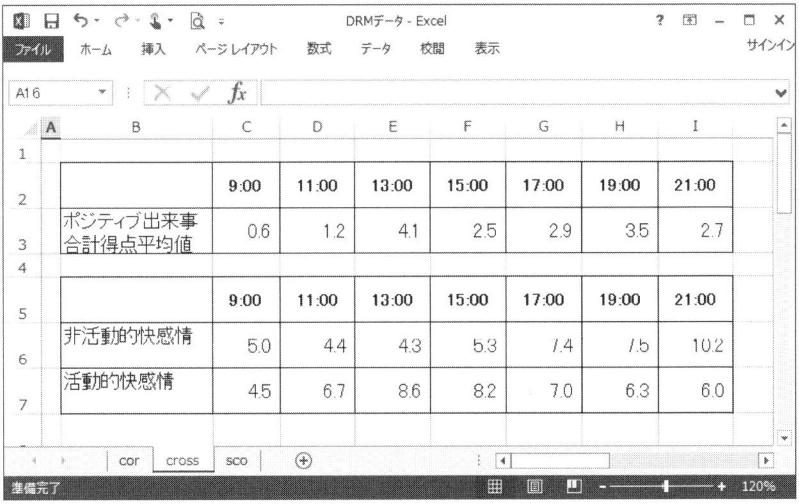

図 9-5　グラフ化するためのデータ表示例🆔

112　第3部　調査法の実習「心理尺度をつかう」

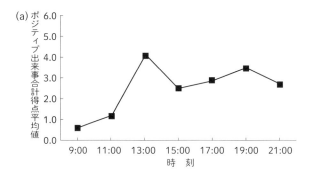

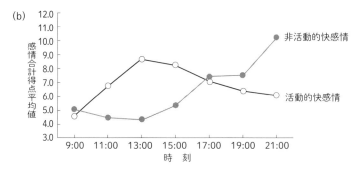

図 9-6　(a) 時点ごとのポジティブ出来事尺度得点の平均値，(b) 時点ごとの非活動的快感情および活動的快感情尺度得点の平均値

成する（図9-6）。折れ線グラフは，各ドットをつなぐ線によってデータ間の関係性を表現できるため，時間的な順序の存在するデータを示すことに適している。

　心理学の研究論文などで用いるグラフは，原則的に彩りをつけず白黒のみで作成する。縦軸および横軸が何を表わしているかがわかるように「軸ラベル」を表示する。1つのグラフ上に2種類以上のデータを提示するときは，ドットの形や色または実線・点線によって区別する。ただし，軸の単位や範囲が異なる複数の情報を1つのグラフ上に示すことは不適切である。

5　個人内相関係数の算出

　一日の各時刻における出来事の経験と感情には関連性があるといえるのだろうか。ポジティブな出来事があるときに快感情を感じる，またはポジティブな出来事がないときに快感情を感じない，といった関連性の有無について，個人内相関係数を算出することで検討してみよう。

　すべての調査対象者は1人あたり7時刻についてのデータをもっている。この7つのデータに基づいて個人内における2変数の相関係数を算出することができる（図9-7）。ある2変数の個人内相関係数は，調査対象者1人につき1つの数値が算出されることとなる。

　ポジティブ出来事と活動的快感情，ポジティブ出来事と非活動的快感情という組み合わせで，すべての調査対象者の個人内相関係数を算出する。Microsoft社のExcelでは「CORREL関数」を利用して2変数のデータ配列の相関係数を算出できる（図9-8）。出来事の経験と感情の関連性について，データ全体のもつ傾向を考察するために，たとえばすべての調査対象者の個人内相関係数の平均を算出してみよう（なお，より正確には，母相関係数の推定（芝・南風原，1990）を行なう必要がある）。

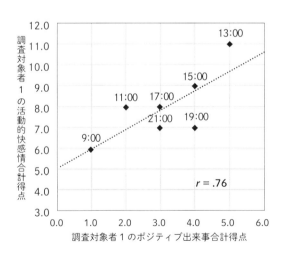

図9-7　ポジティブ出来事と活動的快感情について調査対象者（1名）の個人内相関係数を算出するイメージ

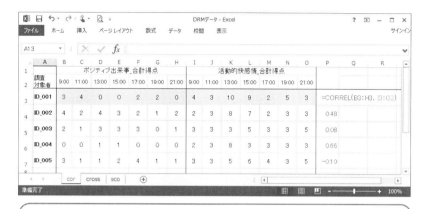

CORREL 関数の使い方
= CORREL(配列 1, 配列 2)
空白セルに上記の関数式を半角英数字で入力する。配列 1 と配列 2 にはそれぞれ相関係数を算出したい 2 変数のデータ配列を指定する。

図 9-8　Excel の CORREL 関数を用いて個人内相関係数を算出する例 DL

3 節　実習：日記法

　日記法とは，毎晩日記をつけるようにその日一日をふり返って質問紙に回答することを数日間にわたって繰り返させる調査法である。日記法も経験抽出法と同様に，自然な日常生活を送っている中で調査対象者に繰り返し回答を求める調査法である（Iida, Shrout, Laurenceau, & Bolger, 2012）。前述の経験抽出法の手続きと同様に，多数の心理尺度や自由回答式の質問項目などが設けられた一連の質問項目セットを準備する。それを調査期間の日数分だけ綴じることで調査票冊子を構成し，調査の説明や教示をした後，調査対象

その日一日をふり返って回答する日記法

者に手渡す。調査対象者は毎晩，一日分の質問項目セットに回答を記録していく。毎晩の回答を忘れてしまうことを防ぐために，研究者から調査対象者に対して毎晩の適当な時間帯に回答を促すリマインダ・メールを送ることもある。

　経験抽出法で得られるデータは，およそ１〜２時間間隔で日常生活から経験を抽出しているのに対して，日記法で得られるデータは，およそ１日間隔で日常生活の経験を抽出している。したがって，同じ調査日数であれば，日記法は調査全体における測定回数は少なくすむが，得られるデータの時間的解像度は低いものとなる。経験抽出法調査を１週間以上行ない続けることは非常に難しいが，日記法調査は２週間以上継続して行なわれることもある。研究対象としたい経験の発生する頻度が自然な日常生活の中ではそれほど高いものでない場合，日記法は適切かつ有効な経験抽出的調査法だといえるだろう。

1　日記法質問紙の作成

　質問紙の表紙や冒頭ページには回答時の注意点を示しておく。たとえば，毎晩一日の終わり頃に回答すること，思ったとおりに回答してほしいこと，以前の回答をふり返って参照しないようにすること，一度回答した内容を変更しないこと，などである。

　日々の回答を記録するページには，心理尺度や自由回答式の質問項目からなる一連の質問項目セットを用意する（図9-9，9-10）。同じ質問項目セットを調査期間の日数分用意し，それぞれ回答する日程を表示しておくとよい。

(1)　質問項目セットの測定内容の例

　測定内容としてまず，人のどのような経験について調査を行なうのかを明確にしなければならない。ここでは実習例として「自尊感情（self-esteem）」を取り上げる。

　自尊感情は"自己に対して肯定的，あるいは否定的な態度（Rosenberg, 1965）"と定義されている。自尊感情の高い個人は精神的に健康であると見なされる一方で，短期間で自尊感情が変化しやすい個人には怒りや敵意を感じやすいといった不適応的特徴があるとの指摘もある（Kernis, Grannemann, & Barclay, 1989）。そこで，本実習では，自尊感情の高さと，短期間における自

大学生の１週間の生活に関する調査

関西学院大学大学院文学研究科
研究責任者：大竹恵子（＊＊＊@kwansei.ac.jp）
研究実施者：○○○○（＊＊＊@kwansei.ac.jp）

【この調査について】
　この調査は，自分自身について思っていることや，日常生活で感じていることについてお尋ねするものです。人が一日の生活を送る中で，どのような出来事を経験し，どのような気持ちを感じ，どのような思いを抱くのかということについて調べることを目的としています。みなさまの回答が貴重な資料となりますので，ぜひご協力下さいますよう，よろしくお願いいたします。

　調査は無記名で，回答いただいたデータは，研究目的以外で使用することはありません。またデータは統計的に処理いたしますので，個人を特定する情報が公になることは一切ありません。

　本調査への参加は，自由意思に基づくものであり，調査に参加しないことで不利益を被ることはありません。調査協力の取り止めを申し出た場合には，理由の如何にかかわらず直ちに中止します。また，回答中に答えたくない項目があったとき，気分が悪くなったときなどは，いつでも回答を中断，もしくは中止してください。

　調査内容について，ご不明な点や調査結果のお問い合わせなどがございましたら，研究責任者までお問い合わせください。

【回答についての注意事項】
　回答は，１週間（７日間）かけて毎日行ないます。毎晩19：00〜24：00のあいだに定められた頁に回答を記入して下さい。記入漏れがございますと，データとして使用できない場合がありますので，質問は飛ばさず，すべての項目に回答してください。

　上記の内容に同意していただける方は，以下に回答の開始および終了日付を記入してください。　　　　　　　　　　　　　　　　　　　　　（↓ +6 の値を入れる）

　　　　　　年　　　　　月　　　　　日　〜から〜　　　　　　日まで

図 9-9　日記法による質問紙調査の例（表紙）

尊感情の変化，そして特性怒り（怒りや敵意の感じやすさ）の関連性を検討する。なお，ここでは，実習の基礎的な課題として４群を設定し，比較を行なうが，関連する先行研究ではさまざまな要因を取り上げて分析を行なっているため（箕浦・成田，2014；市村，2012），実習の発展として参照されたい。

７日目 ＿月＿日（　曜日）　回答を始めた時間　時　分ごろ

２日目 ＿月＿日（　曜日）　回答を始めた時間　時　分ごろ
今日，次のような出来事がありましたか

１日目 ＿月＿日（　曜日）　回答を始めた時間　時　分ごろ
今日，次のような出来事がありましたか

	まったくなかった	わずかにあった	ときどきあった	たくさんあった		まったくなかった	わずかにあった	ときどきあった	たくさんあった
人にほめられた……	1	2	3	4	のんびりした……	1	2	3	4
成功をした…………	1	2	3	4	ゆっくりした……	1	2	3	4
競争に勝った………	1	2	3	4	おっとりした……	1	2	3	4
人にけなされた……	1	2	3	4	活気のある………	1	2	3	4
失敗をした…………	1	2	3	4	元気いっぱいの…	1	2	3	4
競争に負けた………	1	2	3	4	気力に満ちた……	1	2	3	4

★ここから先の質問は，あなたが「いま」この瞬間に考えていることを測るためのものです。
普段ではなく「いま」の自分が考えていることです。あまり深く考えず，思ったままにお答えください。

"いま 私は…"	まったく感じていない	あまり感じていない	少し感じている	はっきり感じている	"いま 私は…"	まったく感じていない	あまり感じていない	少し感じている	はっきり感じている
不安な ……………	1	2	3	4	社交能力に自信がある………	1	2	3	4
くよくよした………	1	2	3	4	同年輩の異性と楽しく話ができる…	1	2	3	4
憎らしい …………	1	2	3	4	異性の誘い方がうまい…………	1	2	3	4
敵意のある………	1	2	3	4	自分の生き方に自信がある……	1	2	3	4
だるい …………	1	2	3	4	個性的な生き方をしている………	1	2	3	4
つまらない ………	1	2	3	4	きちょうめんな性格である……	1	2	3	4
活気のある………	1	2	3	4	知的能力に自信がある…………	1	2	3	4
元気いっぱいの……	1	2	3	4	人よりいろいろなことを知っている	1	2	3	4
のんびりとした……	1	2	3	4	趣味・特技に自信がある………	1	2	3	4
おっとりとした……	1	2	3	4	熱中している趣味がある………	1	2	3	4
いとおしい…………	1	2	3	4	自由に使えるお金が多い………	1	2	3	4
愛らしい…………	1	2	3	4	経済的な面で自信がある………	1	2	3	4
慎重な ……………	1	2	3	4	体力・運動能力に自信がある …	1	2	3	4
丁寧な ……………	1	2	3	4	運動神経が発達している………	1	2	3	4
びっくりした………	1	2	3	4	スポーツマンタイプに見える……	1	2	3	4
驚いた ……………	1	2	3	4	得意なスポーツがある…………	1	2	3	4
自分に自信がある…	1	2	3	4	自分の顔に気に入っているところがある	1	2	3	4
自分に厳しい………	1	2	3	4	目鼻立ちが整っている…………	1	2	3	4
責任感が強い………	1	2	3	4	自分の外見に自信がある………	1	2	3	4

図 9-10　日記法による質問紙調査の例（毎日の回答ページ）

表 9-1　日記法調査で使用する心理尺度の例

測定内容	自尊感情
引用文献	ローゼンバーグ（Rosenberg, 1965），山本・松井・山成（1982）
教示	次の特徴の各々について，いま，この瞬間，あなた自身にどの程度当てはまると感じているかをお答えください。
質問項目	1.　　少なくとも人並みには，価値のある人間である 2.　　いろいろな良い素質をもっている 3. ＊　敗北者だと思うことがよくある 4.　　物事を人並みには，うまくやれる 5. ＊　自分には，自慢できるところがあまりない 6.　　自分に対して肯定的である 7.　　だいたいにおいて，自分に満足している 8. ＊　もっと自分自身を尊敬できるようになりたい 9. ＊　自分はまったくだめな人間だと思うことがある 10. ＊　何かにつけて，自分は役に立たない人間だと思う
評定方法	当てはまらない（1点），やや当てはまらない（2点），どちらともいえない（3点），やや当てはまる（4点），当てはまる（5点）

注）＊は逆転項目を意味する

　先行研究を参考にして自尊感情の測定尺度を用意する（表9-1）。このような心理尺度を用いることで心理的構成概念を数量的に測定することが可能である。さらに日々の生活における出来事の経験について質的情報を得る必要があれば，経験に関する記述回答欄を設けるとよい。

(2)　日記法調査の手続き

　以下のような手続きで調査を実施する。

①調査対象者に調査票冊子を配布し，調査の目的や回答方法について教示を行なう。基本的な教示の内容として，調査が1週間にわたって行なわれること，調査期間中は調査票冊子を常備すること，調査への参加は自由意志であること，得られた回答は統計的に処理され個人は特定されないこと，調査への回答を毎晩依頼するリマインダ・メール送信のためにメールアドレスを教えてほしいこと，などを含める必要がある。

　　なお，日記法調査の開始時点あるいは終了時点のどちらかで，調査対象者の特性怒りを測定する必要がある（表9-2）。

表9-2　日記法調査の開始時点または終了時点に単発測定を行なう心理尺度の例

測定内容	特性怒り
引用文献	スピルバーガーら（Spielberger, Jacobs, Russell, & Crane, 1983），鈴木・春木（1994）
教示	あなたが自分自身についていつも感じていることについて答えてください。
質問項目	1.　気が短い 2.　怒りっぽい 3.　せっかちである 4.　他人の間違いで自分が遅れたりすると腹をたてる 5.　良いことをしたのに認められないといらいらする 6.　すぐかっとなる 7.　怒るといじわるなことを言う 8.　人の前で非難されたりすると怒りを感じる 9.　自分のしたいことができないと誰かをたたきたくなる 10.　良いことをしてもほめられないと腹がたつ
評定方法	まったく当てはまらない（1点），あまり当てはまらない（2点），当てはまる（3点），とてもよく当てはまる（4点）

注）調査対象者を半数ずつ，特性怒りの測定を開始時点に行なう群と終了時点に行なう群に割り当てることによって，測定時点がもたらす影響を相殺することができる。

②調査実施者は，各調査対象者宛てに1日あたり1回のリマインダ・メールを送信し，回答を依頼する。日記法による調査の場合，実際の日記を書くようにその日一日をふり返って回答してもらうことが多いため，夕方から夜の時間帯で毎日同時刻にリマインダ・メールを送信するとよい。

③1週間後，調査対象者から調査票冊子を回収する。

2　データの入力と整理

　日記法で得られたデータの入力例を図9-11に示した。原則的に，同一人物から得られたデータはデータシートの同一行に入力する。したがって左から右へ向かって，1日め（day1），2日め（day2），3日め（day3）・・・とデータが累積されていくかたちになっている。

3　調査日ごとの記述統計量の算出

　日記法を行なうと，同じ変数の情報を調査日ごとに複数得ることができる。そこで調査日ごとに自尊感情尺度の合計得点を算出する。表9-3には日記法で

120　　第3部　調査法の実習「心理尺度をつかう」

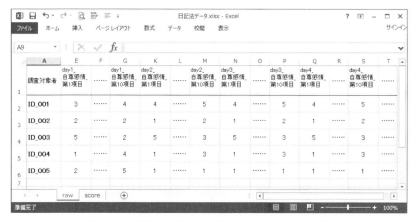

図 9-11 日記法で得られたデータのローデータ入力例
注）途中のデータ部分は点線で省略して示している。

得られたデータの記述統計量を調査日ごとにまとめた例を示した。

(1) データ分析1：自尊感情の個人内平均および変動性の指標の算出

先行研究では，1週間における心理変数の個人内変化を1つの指標にまとめる方法が提案されている。それが「自尊感情の個人内平均（average of self-esteem）」と「自尊感情の変動性（instability of self-esteem）」である（図9-12）。

表 9-3　7日間の記述統計量の例

	自尊感情合計得点	
	平均	SD
1日目	32.58	7.02
2日目	32.66	6.69
3日目	32.31	7.11
4日目	31.80	6.77
5日目	33.02	6.94
6日目	33.21	6.86
7日目	33.14	6.88
平均	32.67	6.90

各調査対象者は，調査期間の1日めから7日めまで，7つの自尊感情合計得点の情報を有している。調査対象者ごとに7つの自尊感情合計得点から平均値を算出することによって，自尊感情の個人内平均を得ることができる。これは短期間における自尊感情の平均的な高さという個人差を表わしている。この値が大きいほど自尊感情が高い個人であると見なせる。同様に，調査対象者ごとに7つの自尊感情合計得点から標準偏差（standard deviation：SD）を算出する。

第 9 章　経験抽出法　121

図 9-12 調査日ごとの尺度合計得点および自尊感情の個人内平均と変動性の指標の算出例⑪
注）途中のデータ部分は点線で省略して示している。

これを自尊感情の変動性と呼ぶ。これは短期間における自尊感情の変化しやすさという個人差を表わしている。この値が大きいほど自尊感情が変化しやすい個人であると見なせる。

(2) データ分析2：調査対象者を4群に分けて一元配置分散分析を行なう

算出した自尊感情の個人内平均と自尊感情の変動性それぞれの高低に基づいて，各調査対象者を4群に分割することができる。まず自尊感情の個人内平均の調査対象者全体での平均値に基づいて，調査対象者を平均高群・平均低群に2分する。図9-13に示したように，データシートに「グループ化変数_個人内平均」という列を新たに作成し，高群ならば2，低群ならば1というコーディング数値を入力する。次に自尊感情の変動性の（個人間）平均値に基づいて，調査対象者を変動性高群・変動性低群に2分する。データシートに「グループ化変数_変動性」という列を新たに作成し，高群ならば2，低群ならば0というコーディング数値を入力する。2つのグループ化変数のコーディング数値はそれぞれ異なる距離の2値で構成しておけばよい。最後に「グループ化変数_個人内平均」と「グループ化変数_変動性」の2変数を単純加算し，その変数

図 9-13　2 変数の高低から 4 群に分割するグループ化変数の作成例

列を「グループ化変数_4 群」と名づける。その結果，図 9-14 の個人内得点の平均×変動性の 4 群ができる。

この「グループ化変数_4 群」を独立変数として特性怒りの合計得点を従属

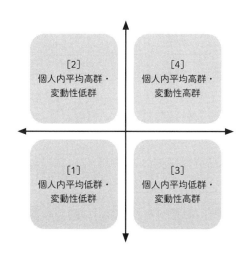

図 9-14　自尊感情の個人内平均と自尊感情の変動性の高低に基づく 4 群

第 9 章　経験抽出法　123

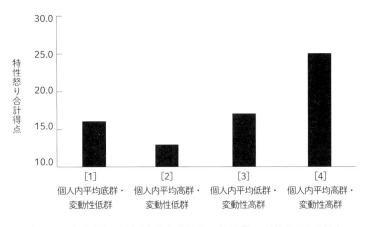

図9-15 自尊感情の個人内平均と変動性の4群ごとの特性怒り合計得点

変数とした一元配置分散分析（＝対応のない1要因分散分析と同義）を行なう。得られた分析結果を棒グラフに図示し（図9-15），群間の差について考察する。

図9-15を見ると，7日間の自尊感情の個人内平均が低い場合は，変動性の高低にかかわらず特性怒りは同程度で違いがない。しかし，自尊感情の個人内平均が高い場合は，変動性が低ければ特性怒りは4群中で最も低いのにもかかわらず，変動性が高いと特性怒りは4群中で最も高い。このことから，不安定で高い自尊感情をもつ者は自尊感情が一時的に低下したとき，自信や誇りをもつがゆえに怒りのような攻撃的反応をしやすい可能性が考察される。

4節　経験抽出法の今後の展開

経験抽出法や一日再構成法は比較的新しい調査法であり，現在もその妥当性や有効性についての検討が行なわれている。経験抽出的な調査法の応用可能な場面としては，病院臨床現場における患者群の生活満足度（QOL）の詳細な査定，メンタルヘルス領域における仕事と休養のライフサイクルとバーンアウト（燃え尽き）や生きがいの関連の調査，観光心理学分野における旅行者の観光活動と満足度の測定など，非常に多岐にわたるものが考えられる。

近年，モバイル端末やパーソナルコンピュータを用いて，インターネットを介してデータを収集する経験抽出法調査が盛んに試みられている。実際，オンラインで経験抽出法調査を実施するためのシステムやアプリケーション，調査会社によるサービスなども増えはじめている。オンラインで経験抽出法データを収集する強みは，調査対象者の回答時点を正確に把握できる点にある。紙筆版の日記法調査では，回答者が前日のことを思い出して翌日以降に記入したり，数日分をまとめて記入したりといった可能性を排除しきれない。しかしながら一方で，環境や場面によってはインターネットにつながりにくかったり，通信機器の持ち込みが制限される場合もある。機器の故障や不調によって回答できないといったトラブルの可能性もある。紙筆版の経験抽出法調査は，原始的な方法であるがゆえに不測の事態の影響を受けにくく，普遍的に実施可能というメリットもある。

　今後，インターネット環境がさらに改善され，インターネットを介したデータ収集は，これからますます身近なものとなり，より安価で簡便に実施可能なものに発展していくだろう。たとえば，テキストマイニングを用いてソーシャルメディア上の書き込み情報から人々の感情や意識などを分析するセンチメント分析は，近年の社会変化と技術によって発展した，まさにビックデータを利用した経験抽出法といえる。このように社会の変化に伴って心理学のデータ収集の手法もさまざまなかたちで変化していくだろう。

オンライン調査

　紙筆版での調査が主流であった時代と比べると，現在はインターネットをとおして，さまざまな情報が提供・共有できる社会となり，それに伴って調査法にも利便性を含むさまざまな変化が生じている。オンライン調査とは，インターネットを利用して行なわれる調査のことである。本章では，今後のさまざまな発展可能性を秘めた**オンライン調査**について，その使い道と現在の限界，今後の可能性について見てみよう。

1節　オンライン調査の意義と特徴

1　オンライン調査とは

　現在は手元のタブレットでインターネットに接続し，紙筆版の調査のようにオンライン調査を実施することが可能な時代になった。調査対象者の回答をすぐにオンライン上のデータベースに格納できるオンライン調査は，紙筆版にはない便利な特徴を有している。

　調査法は，伝統的には「紙と筆」を用いて行なわれてきたが，心理学において，より普遍的な全人類に共通する心と行動の法則を追求しようとすると，非

常に広範な対象者（たとえば，異なる国や全国の地域に住む人たち）に対して調査を行なうことが求められる。特に，グローバル化に伴ってその必要性と可能性はさらに高まっているといえる。20世紀は紙筆版の調査を実施することが多く，調査機関や大学，公的機関等が中心にさまざまなかたちで活用し，成果をあげてきた。しかしながら，これまでの紙

オンライン調査と紙筆版調査

筆版の調査は，特に大学の研究者が行なったものには，**コンビニエンス・サンプリング**（調査者の近くにいるからという理由で，アクセスしやすい便利な集団を調査すること）によるものが少なくなく，結果として，大きく偏ったサンプルを集めることになっていたという側面も否めない。

　心理学には，個々の研究者が大規模な調査を行なって知見を累積していくという学術的な要請がある。その意味で，オンライン調査は，従来の紙筆版では十分になしえなかった大規模調査からの知見を見いだすことができる現代社会であるからこその方法論の一つだといえる。そして，アクセシビリティという長所を超えて個人内の過程など，人々の普段の知情意をとらえる方法として，今後さらに発展していく可能性を秘めているといえるだろう。

2　オンライン調査の強みと弱み

　オンライン調査の強みと弱みについては，以下のような論考が行なわれている。まず長所について，たとえば，那須（2004）は，①個々の回答者に向けて質問調査票を作成・送付する手間が省けること，②不特定多数を対象とする場合，現実の知人以外の閲覧者からの協力が期待できること，③回答の形式が一律で誤記入などのエラーがほとんどないこと，④Web上の簡単な操作で質問に答えられるので取り組みやすいこと，⑤時間と場所の制約がないので気軽に協力できること（比較文化調査や大規模調査）をあげている。また，大隅（2006）は，①簡便性（簡単，使いやすい），②速報性・迅速性（早い），③調査経費の

第10章　オンライン調査　127

低減化，廉価性（安い），④登録者集団のつくり方次第で回答率が上がる，⑤マルチメディア対応の調査票設計が可能，⑥回答行動の電子的追跡（トラッキング）が可能であることをあげている。このように，「紙と筆」が不要というアクセシビリティ，すなわち調査実施者と回答者の双方にとっての利便性がオンライン調査の大きな強みだといえる。

　このほか，オンライン調査では，回答漏れがある場合は，プログラム制御によってその事実をリマインドして記入漏れを防ぐことも可能である。また近年では，プログラム制御によって呈示する刺激に画像だけではなく動画を用いる研究や，簡単な刺激に対する反応潜時を記録する研究も増えており，これらは実験的な手法をうまく取り入れたオンライン調査の強みの一つといえる。

　一方，短所について，那須（2004）は，①回答者の属性をコントロールしにくいこと，②不特定多数を対象とする場合，回答者の属性の真偽を確かめる術がないこと，③セキュリティの観点から個人情報が深くかかわる質問項目をつくりにくいことをあげている。また大隅（2006）は，①目標母集団が曖昧，②登録者集団が不透明，③回答の代表性が疑わしい，④一般に回答率が低い，⑤虚偽，代理など不正回答の混入の可能性，⑥回答の制御・強制・誘導が起こりうることを指摘している。特に，不特定多数に公開するような Web 調査ではこれら短所の影響は大きく結果に響いてくると考えられるため，実施方法の工夫やデータの信頼性チェック，結果の解釈など，さまざまな注意が必要である。

　以上のように，オンライン調査にはさまざまなメリットとデメリットが存在するが，これらをどのように評価するかは，オンライン調査のどの側面に価値を置いて研究を行なうかということに依存する。たとえば，伝統的な紙筆版の調査に代わってパソコンの画面上でクリックしながら回答するという調査形式に重きを置く場合は，印刷代の節約や回収効率というメリットが大きくなる。一方，オンライン調査のアクセシビリティに価値を置き，広範な参加者から回答を集める場合は，オンライン調査の参加者に関するデメリットに対する留意がより必要になってくる。したがって，それぞれの研究目的とサンプリングに応じて，適宜，用いる調査法を選定し，オンライン調査の強みを最大限に発揮できる研究の実施が大切である。

3　オンライン調査のさまざまな活用法

　オンライン調査の強みを活かした使い方として，最も相性がよいのは比較文化研究といえるだろう。異なる国や地域，遠隔にいる人々の間の同時比較を行なう場合は，比較集団ごとにインターネットへのアクセシビリティに違いがないかぎり，非常に利便性が高い。

　また，速報値が求められる調査でもオンライン調査は威力を発揮する。標本抽出法で有名なアメリカのギャラップ社は大統領選挙の速報値調査で知られたが，オンライン調査は，現在，ますますインタラクティブなデータ収集（たとえば，地上デジタルテレビの投票機能やクラウドソーシングによる作業）が求められている。オンライン調査は，そのシステムに集計機能をつけることによって結果の即時フィードバックや個人レベルでの集計値などを提示することもできる。調査法のフィードバックを即時的に行なうことは紙筆版の調査では非常に難しいばかりか，個々の参加者に対してカスタマイズした結果を還元することは不可能に近い。

　また，オンライン調査は，モバイル端末と組み合わせることで日常生活や習慣的行動の記録に用いることも可能である。たとえば，前章で紹介した経験抽出法を，オンライン調査というかたちで実施することによって，紙筆版調査での負担を減らし，調査時点のさまざまな操作を可能にし，時系列の貴重なデータを得ることができる。特に，日本は，**SNS**の普及率は高く，比較的広い年代でオンライン調査が可能な環境が整っている国であると考えられる。

　しかしながら，オンライン調査には短所もあり，国や地域によってはSNSの普及を含めてオンライン調査が難しい場合が存在する。また仮に，SNSの普及率が高くても，たとえば，現在の日本の若者は個人でパソコンを所有する環境をもたず，スマートフォンのみを使う者が増加しているが，そのような状況では，オンライン調査での刺激画面等を統一（スマートフォンとパソコンで呈示画面等に

モバイル端末で習慣的行動を記録する

違いが生じないように工夫）する必要がある。

2 節　オンライン調査の参加者

　作成したオンライン調査に回答する参加者をインターネット上で集める方法として，大きく3つの手法がある。それらは，①ネット上の不特定多数に参加を募る，②特定の登録者集団から参加を募る，③従来のように，サンプリングされた個人や集団（たとえば，学生）に参加を募る，である。

　①については，標本の特性が明らかにできない場合があり，研究としては推奨できない。②については，登録者集団がどのような性質をもっているかを考慮のうえ，その性質に研究上の問題がない範囲であれば利便性はある。しかし，このような登録者集団を用いる際に気をつけなければならないことは，これらの登録者たちは，こちらが調査を依頼（委託）したある作業を行なうことによって，ポイントや金銭を報酬として得るために参加しているという点である。つまり，学生を対象とした従来の紙筆版の調査のように参加のモチベーションが自由意思による同意のみでは成り立っていない。また，一口に**クラウドソーシング**（インターネットを介して不特定多数のクラウド（群衆）に作業を委託し，報酬を提示して仕事を発注する手法）といっても，登録者が作業を自ら選択できるものと，調査モニターとして作業の連絡を受動的に受けて参加するものがあり，特に後者の場合は，回答のモチベーションが従来の自由意思による調査と（たとえ同意をとったとしても）大きく異なると考えられるため，注意が必要である。

　③については，調査の URL を書いたビラを配布したり，オンライン調査の周知・宣伝を行なうことで特定の集団から回答を収集する。URL は一般的に長い文字列であることが多いため，参加者が単純にたどりつけない危険もある。その場合は，短縮 URL（通常は長い URL を，それと同じ情報を保ちながら文字数を減らした URL）をつくったり，表記の似通ったものがある文字や数字を URL に入れない，ビラ自体に URL 入力時の注釈を付したり，参加者がページにたどりつけなかった場合の問い合わせ先情報を掲載するといった工夫が有

130　第 3 部　調査法の実習「心理尺度をつかう」

効である。メールアドレスを登録している調査モニターなどに対しては，個人情報に十分配慮したうえで，オンライン調査へのリンクをメールで送信することもある。また，対象とするサンプル以外の調査へのアクセスを防ぐために，調査ページにアクセスのためのパスワードをかけて，参加者にパスワードを配布することでそれを鍵として調査ページや回答結果を開くシステムを用意する場合もある。

　住民基本台帳や選挙人名簿の閲覧が困難になる制度が敷かれはじめている近年の社会動向を受けて，クラウドソーシングでデータを集めることのニーズがさらに高まっている。具体的には，2006（平成 18）年 1 月 1 日住民基本台帳法改正により，住民基本台帳の写しの閲覧は，「公益性のある統計調査・世論調査・学術研究，公共的団体が行う地域住民の福祉の向上に寄与する活動，官公署が職務上行うときのみ」とされ，同 11 月 1 日には選挙人名簿抄本の閲覧制度改正として，登録者の確認は「統計調査・世論調査，学術研究その他の調査研究で公益性が高いと認められるもののうち政治・選挙に関するものを実施するために閲覧する場合に限る」こと，となった。心理学では，このような手法を用いて対象者を選定し，調査を行なうことは多くはないが（社会やある特定の社会集団内でのさまざまな事象を明らかにすることを目指した**社会調査**では，このような手法は一般的だが），これらの"制約"を考えると，登録者を系統的に用意しているクラウドソーシングの利便性に大きな注目が集まるのは無理からぬことであろう。

　しかし，調査結果の正しい一般化には，やはり代表性が確保された調査対象者（たとえば，選挙人名簿から無作為に抽出するなど）がサンプリングされる必要がある。実際のところは，代表的な社会調査との共通性が報告されているクラウドを利用することは，少なくとも学生のコンビニエンス・サンプリングよりは良質な標本であろうが，それによって代表性が保証されるわけではない。

3節　オンライン調査の作成

　オンライン調査の作成には，さまざまな方法が考えられる。以前は個人的に

インターネット接続サーバーを用意して，研究者自身がプログラムを書き，調査票サイトを構築するような手続きが必要だった。しかし近年では，オンライン調査環境を提供する会社と個人や団体で契約を交わすことで調査を作成し，データを機密情報として回収することができるようになっている。調査の目的に応じて調査の作成方法は異なるが，基本的には初心者から簡単な操作で調査を作成できる工夫が施されている。調査結果は基本的に各社のデータベースにいったん保存され，調査者が結果を Excel や，サービスによっては SPSS などの統計分析ソフトウェアのデータ形式でダウンロードすることができるように整備されている。

4 節　オンライン調査の現状と今後の展開

オンライン調査のもつ諸問題は，「今後の情報技術の進歩に応じて流動的に変わる」（大隅，2006）ものであり，これまでの知見との比較可能性と同程度に，質問紙調査自体の暗黙の文脈的要因（紙と筆という手段，授業中／授業後に教室という学生集団内に対してしばしば目上の調査者が行なう回答状況など）との相対化も重要だといえる。本来，これらの比較や相対化に関する議論は，データが集まらなければその是非について議論すらできないものでもあるが，調査方法自体の実証的な基礎研究として，オンライン調査から得られる知見にも常にさまざまな要因の影響が存在する可能性を考慮すべきである。オンライン調査は調査法の新たな地平をひらくという意味で賞賛すべき点も多いが，それに流されるのではなく，批判的思考をもって研究対象に関する科学的手法を蓄積していく必要がある。

オンライン調査をよりよい方法にするためには，オンライン調査の限界に挑戦するさまざまな技術分野との連携も積極的に図る必要があるだろう。企業の中には，電子調査でのサンプリングとその評価を始めているところもある（たとえば，株式会社ビデオ・リサーチによる電子調査票調査：http://www.videor.co.jp/solution/new-technology/acrex.htm）。たとえば，代表性のある調査モニターを増やす，オンライン調査サービスを提供する企業と研究者の間

で連携を進める，年配の参加者にも使える調査を作成する，紙筆版の調査とオンライン調査との間での回答傾向の違いを心理学の方法論研究として実施するなど，開拓すべきテーマは多い。このような取り組みによって一定のデータが蓄積された後に，従来の「紙と筆」ゆえの歪みや限界もよりいっそう明確になると考えられる。そのときそのときの社会状況に応じて実証（的）科学においてより適切な手法を開発および選択し，研究を進めることが大切だといえる。

オンライン調査サイト

●クラウドソーシングサービス

日本国内で**クラウドソーシング**事業を展開するランサーズ（http://www.lancers.jp）や北米のクラウドソーシング事業である Amazon Mechanical Turk（https://www.mturk.com/mturk/welcome）はその一例である。また，日本国内には yahoo! リサーチ（http://research.yahoo.co.jp）などもある。

●オンライン調査作成サービス

使い勝手のよいものには google 社の Google フォーム（https://www.google.com/intl/ja_jp/forms/about/）という無料サービス，北米のオンライン調査作成会社である SurveyMonkey（https://jp.surveymonkey.com）や，Qualtrics 社（https://www.qualtrics.com）の有料契約サービスなどが存在する。

データベースの活用法

社会学分野ではさまざまなアーカイブが作成されており（大谷・木下・後藤・小松，2013），特に総務省統計局 e-stat（https://www.e-stat.go.jp/SG1/estat/eStatTopPortal.do）は，社会心理学的な研究に応用することも可能である。日本国内の都道府県，市町村レベルのデータや，日本全体の時系列変化を扱う研究の場合などは（Hitokoto & Tanaka-Matsumi, 2014），非常に有効な公開**データベース**といえる。

大阪商業大学 JGSS 研究センターでは，2000 年より 10 回以上にわたって日常的な行動や政治意識，生活意識に関する調査である日本版総合的社会調査（http://

jgss.daishodai.ac.jp/introduction/int_jgss_project.html）を行なっている。申請を行なえば，大学や研究機関の研究者，大学院生，または教員の指導を受けた大学生が，学術目的でデータを利用でき，授業利用も可能である（項目については次を参照　http://jgss.daishodai.ac.jp/surveys/sur_question.html）。同じくJGSS研究センターでは，東アジアの複数の国・地域で国際比較調査を行なうEASS（East Asian Social Survey　http://www.eassda.org/modules/doc/index.php?doc=intro）のデータも申請を経て利用でき，日本，韓国，台湾や中国の比較を行なうことができる（項目については次を参照　http://jgss.daishodai.ac.jp/surveys/sur_eass2012.html）。実施年ごとに基本項目以外は異なるテーマ（社会関係資本，健康，文化とグローバル化，家族など）の項目が含まれているため，時系列データというよりは，東アジア内の国際比較に主眼が置かれている。

　世界価値観調査データベース（World Values Survey　http://www.worldvaluessurvey.org/wvs.jsp）は，ロナルド・イングルハート教授の率いるミシガン大学社会学系チームが，1980年代より6度にわたって60か国から価値観や主観的健康などの調査データを収集・公開している強力なデータベースである。無料で生データをダウンロードすることができ，二次分析を行なうことができる。

　心理学分野によるアーカイブ蓄積は萌芽的である。Midlife in the United States（MIDUS　http://www.midus.wisc.edu/index.php）は，北米の代表サンプリングによる公開データベースであり，同調査の日本版のデータとして MIDJA（Midlife in Japan　http://www.midus.wisc.edu/midja/index.php）のデータも随時公開されている。この調査は，健康や幸福に関する標準化された心理尺度に加え，生理指標データまでも含まれており，アメリカ人と日本人について，人口統計学的な変数を含め経年的な変化を追跡していることもあって貴重な分析が可能な公開データとなっている。

　また，態度測定法である潜在的連合テスト（Implicit Association Test：IAT，Column 5 参照）を，パソコン画面上で実施できる形式にしてデータを集めているハーバード大学の project implicit（https://implicit.harvard.edu/implicit/）も，実験的な測定法でアーカイブを作成しようとする点で先駆的である。近年は Lab in the Wild（http://www.labinthewild.org）など，心理学的データの蓄積を支持する企業も現われており，今後，アーカイブ分析を念頭においた心理学的な変数を蓄積したデータベースを用いた研究が多く発表されるようになると考えられる。

「心理尺度をつくる」
「心理尺度をつかう」
応用編

　第4部では，第1部〜第3部までに学んできた調査法の基礎と実習を生かして，他書で扱われることが多くはないが，調査法を用いて研究を行なう際に知っておくと便利な知識や手法を「心理尺度をつくる」「心理尺度をつかう」の応用編として紹介する。調査法の応用としては，**ナラティブ**と呼ばれる質的研究や，自由回答や文章などのテキスト情報を単語や文節単位で分析する**テキストマイニング**などが研究法として展開しており（やまだ他，2013；松村・三浦，2014），質的データの多変量解析の一つの手法である「双対尺度法」については，すでにColumn 3で紹介した。そこで本部では，「翻訳法」「対象者の特性に応じた調査法」「比較文化研究における調査法」「郵送調査法」を取り上げる。これらの学びをとおして，調査法の応用力と実践力を身につけよう。

翻訳法

本章では,「心理尺度をつくる」の応用的な手法として「翻訳法」を取り上げ,心理尺度の翻訳に関する留意点やコツなどを紹介する。翻訳研究は,その作業自体が異なる文化を理解する一つの過程でもある。さまざまな言語や文化を有する人たちを対象にした研究を展開するという意味で,視点の転換により見えてくる心理学の地形の広がりを感じてみよう。

1節　心理尺度における翻訳研究の意義

　心理学は,人間の普遍的な心のメカニズムの解明を目指す学問であるため,さまざまな国や文化,言語の違いを超えて共通する知見を見いだすことは重要である。しかし,心理尺度のすべてが何か国語にも翻訳されているわけではなく,自分が測定したいと考える心理尺度(概念)が,希望どおりの言語では存在しないこともある。このとき,測定したいと考えている概念自体が存在しないのか(世界初の概念を見いだそうとしているのか),あるいは日本語での心理尺度が存在しないのかによって研究の進め方は異なるが,仮に日本語以外の言語で心理尺度が存在する場合は,それを日本語に翻訳し,日本語の心理尺度

を作成することによって研究したい概念を測定することが可能になる。つまり，心理尺度は言葉を用いるため，異なる言語を使う集団間で同じ概念を測定するためには，心理尺度の翻訳が必要になる。

心理尺度における**翻訳研究**は，単にある言語から別の言語に文章を訳すという単純な作業だけではすまないことが多い。心理尺度の各項目には，個人の内面を測定するために，あえて直接的な表現や言葉を用いることを避けたり，さまざ

心理尺度を翻訳し，文化を超えて存在する概念の測定を目指す

まな工夫がなされていることが多い。そのため，心理尺度の翻訳では，心理学の概念を正しく理解したうえで，文化という要因も考慮しながら，文化を超えて存在するであろう概念の測定を可能にする項目作成が求められる。

2節　翻訳研究の2つのパターン

　心理尺度の翻訳には，大きく分けて2つのパターンが存在する。一つは「尺度採用研究・尺度適用研究」と呼ばれる，いわば**トップダウンの比較文化研究**である。トップダウンというのは，「Xの心理／行動は普遍的に存在するという理屈から，AとBという異なる集団でもXは存在する」と考える，理論先行で行なう比較文化研究である。理論先行のトップダウンの研究では，既存尺度を他文化で採用する（既存項目を翻訳する）ことや，適用する（移行先の文化のために項目を修正する）ことを行なう。これらの研究の強みは，既存理論の一般化と境界条件の探索（Xの心理／行動が成立しない条件を見つけることである。たとえば，集団主義的行動が引っ越しを多く経験する人では成り立たないとすれば，それは転じて集団主義は定住によって成立していることがわかる，など）である。反対に，弱点は，項目自体に文化的な限界があった場合，項目になっていない概念を測定し損なう可能性があることである。たとえば，

第11章　翻訳法　139

性格の5因子理論は普遍的に存在すると考えられているが，中国の研究者によれば，普遍的な6因子めが存在するという。この知見が正しければ，通常の5因子理論の質問項目では，6因子めを測定するための項目が含められておらず，それゆえ6因子めの個人差を取りこぼすことになる。

　心理尺度の翻訳に関する2つめのパターンは，「尺度作成研究」と呼ばれる，**ボトムアップ**の比較文化研究である。ボトムアップとは，「Yという心理／行動に関する普遍的な理論はあるものの，その測定方法がまだ存在せず，一から文化間で比較するための共通尺度項目を作成すること」を意味する。このパターンの研究の強みは，Yに関する文化をまたいだ指標を経験的かつ包括的に収集できる点である。たとえば，今，人間は皆「愛情」を感じているらしいので，愛情を測定したいと理論を立てたとしよう。アメリカ人学生集団では「キスをする」「抱き合う」という項目が愛情の測定指標として集まったが，日本人学生集団では「一緒にお昼を食べる」「一緒に帰宅する」などの項目も集まったとなれば，これらの4項目は2か国から得られた愛情表現の指標となりうる。もちろん，これらの項目がどの程度，各国において存在するのかという点についてはこの時点では不明であるが，2か国の特徴が網羅的に集められているといえる。一方で，このパターンの弱みとしては，項目作成の段階から非常に時間がかかることと，対象とする文化間にかかわるすべての研究者間で頻繁にコミュニケーションをとる必要があるため，多くのコストと手間がかかることである。

3節　心理尺度の翻訳過程

　尺度採用研究・尺度適用研究と尺度作成研究の両方において，避けて通ることができないのが項目の翻訳作業である。心理尺度の翻訳については，伝統的に「**逆翻訳法（バックトランスレーション；back translation）**」（Brislin, 1970）が用いられてきた。逆翻訳法とは，一度ある言語に翻訳したものを，またもとの言語に翻訳し直す作業を意味する。尺度を翻訳するにあたっては，逆翻訳法を含む一連の手続きを踏むことが推奨される（詳しくは，稲田, 2015

を参照）。ここでは，逆翻訳法の意味について簡単に紹介する。翻訳作業について
いてはかかわる言語数や項目の性質によって具体的な手続きにはさまざまな
ケースが存在するが，たとえば，英語の尺度を日本語に逆翻訳する場合，基本
的には，①翻訳能力をもつ者2名で，②1人め（英語と日本語の話者）が第一
言語（英語）から第二言語（日本語）に翻訳し，③2人め（英語と日本語の話
者）が翻訳済みの第二言語から，再び第一言語（英語）に翻訳し戻す。そして，
④主任研究者が，戻ってきた翻訳ともとの項目を同じ言語（英語）で見比べて
異同を検討し，異なる場合は概念についての専門知識をもった翻訳者らと相談
することで最終的な翻訳を定める，という一連の作業手順である。なお，4段
階めでは，できれば尺度の原著者クラスの専門家（測定しようとしている概念
のことをよく識る人物）に，元項目の背後にとらえようとしている概念を，翻
訳後の項目で過不足なくとらえられているか判断を得ることが望ましい。その
際には，項目が一字一句正しく翻訳されているかということよりも，概念の定
義に依拠したときに，翻訳後の項目表現を用いて現地でその概念が測定できそ
うかという点を重視する。

　一通り完成した項目は，必ず調査対象となるすべての文化の構成員（その
文化に精通する人たち）を対象に予備調査を行ない，尺度への回答のみなら
ず，項目表現におかしなところはないか，自由記述やシンク・アラウド法（考
えたことを口頭で述べる）などでできるだけ詳細に検討することが望ましい。
また，研究上クリアすることが難しい条件もあるが，心理尺度の翻訳作業にあ
たっては，表11-1 に示したような点に留意することが推奨されている（Brislin,
1970）。なお，表11-1 の項目 12 は，表4-1 にも示した「ダブル・バーレル」と
呼ばれる問題である。

　尺度作成研究においては，「**脱中心化（decentering）**」（Werner & Campbell,
1970）が用いられることもある。ここでの脱中心化とは，尺度作成に関して結
果的に一部の文化を有する人のみが理解できる単語や表現等を除去することを
意味する。項目産出・作成の段階から，概念についての専門知識をもった複数
の文化の研究者がコミュニケーションをとり合って，すべての人に共通する比
較可能な項目を作成するように心がけることが重要である。

　翻訳作業をはじめとして複数言語話者（バイリンガルなど）を活用すること

第11章　翻訳法　141

表 11-1　心理尺度項目の翻訳において留意すべき点

1.　心理尺度に対する回答者の認知的負荷を最小にするために，短く，単純な文章を用いること
2.　受動態よりも能動態を使うこと
3.　一部の言語で翻訳しにくい代名詞を使うのではなく，名詞を頻繁に用いること
4.　一般的に翻訳に向かない暗喩表現や口語表現は用いないこと
5.　仮定法は避けること（could や would を含む動詞も避ける）
6.　重要な概念を伝える際には，文章をつけ加えること
7.　明確な定義のない，場所や頻度を示す副詞や前置詞を避けること（例：around や often など）
8.　言語によっては所有の対象を文脈から読み取る方法が異なっているので，できるだけ所有格を避けること（例：his/her や "his dog" など）
9.　具体的な言葉を用いること（例：「家畜」ではなく「鶏」や「豚」）
10.　曖昧さを示唆する言葉を避けること（例：おそらく，しばしば，など）
11.　可能なかぎり，翻訳する者が親しんでいる言い回しを用いること
12.　それぞれ異なる行為を示す2つの動詞が入った文章を用いないこと

は有効であるが，一方で複数言語話者は，その個人特有の経験や生育環境から，ある文化内では代表性が低い個人である可能性も高い。心理学は，客観性を重視する科学であるため，たとえば，比較する文化の一つに属する現地の者も交えて検討を行なうなど，できるかぎり多くの目と意見を取り入れたアプローチが必要である。

　脱中心化を応用した方法として，「収束アプローチ（convergence approach）」（Campbell, 1986）も使われる。これは，それぞれの文化でいったん尺度作成を行ない，その後で合体させて，他文化で作成された項目は逆翻訳を行なってから複数文化全体に実施する方法である。

4 節　心理尺度の翻訳例

　心理尺度の翻訳例を紹介する。この尺度は協調的幸福感尺度（Hitokoto & Uchida, 2015）という幸福感の尺度である。この尺度は，理論的に，東アジア圏における幸福の含意を反映し，測定していると考えられるので，日米比較のみならず東アジア文化内での比較が求められている。そこで，フィリピンの研

表 11-2　尺度の逆翻訳の例（協調的幸福感尺度（英語）をフィリピン語に翻訳する場合）

オリジナル（日本語）	オリジナル（英語）	翻訳（フィリピン語）	逆翻訳（英語）
教示：			
Q. 以下の文それぞれについて，あなた自身にどれほど当てはまるか，数字1つを選んで下さい。	Q. Please indicate the degree to which the following statements accurately describe you.	Q. Ipahayag ang tindi kung saan ang mga sumusunod na pahayag ay naglalarawan sa iyo.	Q. Please indicate the degree to which the following statements accurately describe you.
項目：			
1. 自分だけでなく，身近なまわりの人も楽しい気持ちでいると思う。	1. I believe that I and those around me are happy.	1. Naniniwala ako na ako at ang ibang nakapaligid sa akin ay masaya.	1. I believe that I and others around me are happy.
2. まわりの人に認められていると感じる。	2. I feel that I am being positively evaluated by others around me.	2. Nararamdaman ko na ako ay positibong ine-evaluate ng mga tao sa paligid ko.	2. I feel that others around me evaluate me positively.
3. 大切な人を幸せにしていると思う。	3. I make significant others happy.	3. Pinapasaya ko ang mga makabuluhang tao sa buhay ko.	3. I make the significant people in my life happy.
4. 平凡だが安定した日々を過ごしている。	4. Although it is quite average, I live a stable life.	4. Bagamat ito ay karaniwan lamang, ako ay may matatag na buhay.	4. Even though it is common, I have a stable life.
5. 大きな悩み事はない。	5. I do not have any major concerns or anxieties.	5. Wala akong malaking pagkabahala o pag-aalala.	5. I do not have big concerns or worries.
6. 人に迷惑をかけずに自分のやりたいことができている。	6. I can do what I want without causing problems for other people.	6. Kaya kong gawin lahat ng gusto ko na walang dinudulot na problema para sa ibang tao.	6. I can do anything that I want without causing any problems to others.
7. まわりの人たちと同じくらい幸せだと思う。	7. I believe that my life is just as happy as that of others around me.	7. Naniniwala ako na ang aking buhay ay kasing saya ng mga taong nakapaligid sa akin.	7. I believe that my life is as happy as other people that surrounds me.
8. まわりの人並みの生活は手に入れている自信がある。	8. I believe I have achieved the same standard of living as those around me.	8. Naniniwala ako na nararating ko na ang parehas na pamantayan ng pamumuhay ng katulad sa mga taong nakapaligid sa akin.	8. I believe that I have reached the same standard of living as the people around me.
9. まわりの人たちと同じくらい，それなりにうまくいっている。	9. I generally believe that things are going well for me in its own way as they are for others around me.	9. Naniniwala ako sa pangkalahatan na ang mga bagay ay nagiging mabuti para sa akin sa sarili nitong paraan katulad ng sa mga taong nakapaligid sa akin.	9. I believe in general that things are turning out well for me in its own way as the people around me.
選択肢：			
全く当てはまらない	Strongly disagree	Lubus na hindi sumasang-ayon	Strongly disagree
あまり当てはまらない	Disagree	Hindi sumasang-ayon	Disagree
どちらともいえない	Neither agree nor disagree	Hindi sumasang-ayon ni hindi sumsang-ayon	Neither agree nor disagree
やや当てはまる	Agree	Sumasang-ayon	Agree
非常に当てはまる	Strongly agree	Lubus na sumasang-ayon	Strongly agree

注）ここでは，すでに過去の研究で日本語から英語に翻訳したものがあるところで，その英語版を「オリジナル（英語）」とし，これをもとにフィリピン語と英語の現地バイリンガルと行なったフィリピン語への逆翻訳過程を左列から右列へ向けて示した。

究者と共同で，尺度の原著者である著者は用いることができないフィリピン語
への逆翻訳を試みた。

　表11-2は，尺度の9項目それぞれについて，現地の共同研究者とともに英
語とフィリピン語のバイリンガルにオリジナルの英語（左）からフィリピン語
(中央)へ翻訳してもらい，別の英語とフィリピン語のバイリンガルに，そのフィ
リピン語項目のみを読んで英語に逆翻訳（右）をしてもらった過程を示してい
る。これを受けて，尺度の原著者兼主任研究者である著者は，オリジナルの英
語と逆翻訳された英語が，測定しようとしている構成概念に照らして，等価性
が十分であるかを判断する。両者には微妙な文言のズレが生じているのが見て
とれるが，構成概念にとって大きな問題ではないと判断すれば，フィリピン語
に問題なしと判断する。なお，尺度の教示文と選択肢も，同様のプロセスを経
なければならない。なお，逆翻訳にオリジナルから無視できない意味的な乖離
があると判断された場合は，その点について主任研究者が「もっとこういう意
味合いを込めて／込めないでほしい」などとコメントをつけて，あらためて現
地翻訳者に返すことで2ラウンドめの翻訳を行ない，問題がなくなるまでこれ
を繰り返す。

対象者の特性に応じた調査法

　本章では,「心理尺度をつかう」の応用編である「対象者の特性に応じた調査法」について,特に高齢の対象者への質問紙調査の実施に関して具体例をあげながら紹介する。調査依頼のための信頼関係づくりや,調査票の作成に関する工夫や留意点,調査後の丁寧なアフターケアなど,対象者の特性に応じたさまざまな調査法の手順や各種の対応のポイントについて学ぼう。

1節　対象者の特性を考慮した調査法における留意点

　質問紙調査は,質問紙の回答に比較的慣れている大学生にのみ実施されるわけではもちろんなく,幅広い年齢層に実施される。たとえば,小・中学校などの教育現場で児童生徒や保護者,教職員を対象に行なう場合もあれば,病院や福祉施設で利用者やその家族,職員を対象に行なう場合もある。大学外で質問紙調査を行なう場合は,調査の依頼方法や調査用紙・回答形式の工夫,対象者への謝礼やフィードバックなどの点で,大学内で学生を対象に行なう調査とは異なる難しさや注意を払うべき点がある。

2 節 調査依頼のための信頼関係づくり

大学外で質問紙調査をする際は，まず調査フィールドとの信頼関係を築くことが重要である。突然質問紙をもって現われた身元のはっきりしない人物に対して，気軽に協力してあげようなどという人はまずいない。質問紙調査の回答に慣れている心理学部の学生であれば，突然調査の依頼と説明が始まっても比較的受け入れてくれるかもしれないが，同様の行為を心理学の質問紙調査に回答経験のない高齢の人たちに行なってしまうと，回答を得られないばかりか，調査者の所属機関に対する不信感を募らせ，周囲に多大なる迷惑をかける結果となってしまうかもしれない。卒業論文での調査の場合は，まず十分にゼミの教員と相談したうえで，調査についての説明を行なうため，現場の責任者とアポイントをとる。現場施設の情報を調べ，メールや電話で自己紹介も兼ねて調査の目的等を説明し，許可が得られそうであればあらためて直接現場の責任者と会って正式に依頼をする必要がある。教育や福祉の現場で調査を行なう際には，関係する資格や免許，たとえば保育士資格や教員免許，社会福祉士，さらに 2017 年現在，わが国初の心理学にかかわる国家資格である公認心理師などを取得していることが，信頼関係を築く際の土台になることも多い。あるいは，所属大学そのものが信頼を得ている地域の現場で調査をする際は，「○○大学の学生さんの卒業論文ならば」ということで快く協力をしてくれる施設もある。もちろんその場合は，調査者の振る舞い一つで大学の評判をも貶めてしまう可能性が十分にあることを心しながら，現場の方と丁寧なやりとりを重ねなければならない。初めて訪れる施設で突然質問紙調査を行なうのではなく，それまでに何度か現場を訪れ，職員や利用者との信頼関係を形成してから調査を実施することが望ましい。

3 節 調査票の読みやすさ，回答のしやすさの工夫

質問紙を作成するときは，いかに対象者が回答しやすく，いかに対象者の「心」

をうまく数値として拾い上げることができるかを考えて作成しなければならない。そこを工夫することが，質問紙調査のデータの信頼性に大きく影響するからである。高齢の対象者であれば，まずは視覚的に読みやすく，回答しやすいものを作成することが基本である。

　高齢期の視覚の特徴として，立体物やコントラストがはっきりしない対象，視野の周辺部分などに対する知覚が低下していることがあげられる。高齢者の日常場面における主観的な意見としては，手元の作業や小さい文字が見えづらい，文字を読むスピードが若い頃と比べて落ちており，時間がかかる，多くの文字の中で「どこを見るべきなのか」という目的の情報を探すのが難しい，といったことがあげられている（Kosnik, Winslow, Kline, Rasinski, & Sekuler, 1988）。こうした特徴を十分に考慮したうえで，適切な大きさの文字と読みやすいフォント，「どこに何を回答すべきか」が視覚的にわかりやすいフォーマット，適度な文字数と項目数を工夫し，試作の段階で何度も注意深く確認する必要がある🆔。必要であれば，いくつかの質問紙に分けて 1 回の調査で回答する負担を減らし，後からデータを紐づけるという方法もある。調査実施者は質問紙のどこにどのように回答すべきかを調査対象者に明確かつ具体的に指示する等，教示もわかりやすいものにする。回答方法が複雑になる場合は，回答例を載せておくのも一つの手である。選択式の尺度が含まれている場合（たとえば，一人暮らしの人のみ回答してほしい質問部分などが含まれる場合）は，該当しない部分を飛ばしたときに次にどこを回答すべきなのか等，回答順序に関する丁寧な教示も必要である。回答した調査票を，こちらがどのように回収するのかについての説明も，わかりやすく明記する。

　本人による回答が難しいと判断される場合，たとえば，視力などの問題で本人が文字を読んだり書いたりすることが困難あるいは大きな負担がかかると判断される場合は，調査者が調査項目を読み上げて，それに答えてもらうかたちで回答を得る方法もある。さまざまな工夫が考えられるが，たとえば，1 ページに 1 項目ずつ大きな文字でプリントし，それを指差しながら調査者が項目を読み上げ，回答の番号を答えてもらう方法がある。リッカート尺度であれば，ものさしのようなものを実際に作成し，当てはまる場所を指で指してもらうという方法もある。

項目の内容についても，複雑なものをできるかぎり使用しないように注意する必要がある。既存の尺度を用いる場合は文言を変えることはできないが，その場合はわかりやすく言い換えるとどのような表現になるのか，どのような説明を加えるとよいのかについて十分に検討し，調査実施者同士で情報をシェアしておく。たとえば，翻訳された尺度では直訳的な表現が使われていることも多いため，日常的な表現としては対象者がやや違和感を覚えるものもあるかもしれない。その場合は，尺度によって測定されている概念と照らし合わせながら，既存の表現に加え，より平易な説明を足す工夫も必要かもしれない。高齢期は，自らがこれまでに経験した領域と関連することの学習はうまくできるが，これまでにあまりなじみのない領域に関してはうまく学習できないという特徴がある。なじみのない言葉や表現が使われていると，回答の負担がより大きくなってしまう可能性がある。

　調査票ができあがったら，必ず試しに何名かに実際に回答してもらい，わかりにくい部分，欠損になりやすい部分を確認，修正する。このとき，できれば対象者と同程度の年齢で，なおかつ質問紙の回答に慣れていない方に協力を依頼する。調査票を作成したメンバー同士で確認をしても，実際に起こりえる問題が見えてこない場合が多い。回答時間を確認し，回答に関する身体的・精神的な負担がどの程度であるか，忌憚のない意見をもらえる協力者に依頼することがポイントである。

4 節　丁寧なアフターケア

　当然のことながら，調査票を配布したらそれで終わりではなく，重要なのは配布後の丁寧なサポートである。まず，調査の目的や回答内容に関する質問があるときのために，対象者がすぐに連絡をとれる情報を必ず調査票に明記しておく。連絡先として明記する電話番号や FAX 番号，メールアドレス等は，必ず調査実施者あるいは研究責任者が対応できるものにし，対応可能な時間帯も明記する。心理学用語や質問紙の回答に慣れていない場合は，言い回しや言葉遣いが1つでもピンとこなければ，1つの項目に回答するだけでも大きな負担

になるため，ちょっとした質問でもすぐに対応できるよう準備しておく必要がある。調査実施者に直接質問したい事案が出てきたときに，「連絡先が載っていない，あるいはわかりにくい」，もしくは「書いてあった連絡先に連絡したのにまったくつながらない」というのは，せっかく協力してくださっている対象者に失礼であり，対象者側にとっても非常に心証が悪いため，貴重なデータを得られる機会を逃すばかりか，たとえば，調査実施者の所属する大学や「最近の若者」の印象を悪くする可能性もある。

　質問紙調査を実施した後は，必ず調査によって得られた基礎的なデータや学術的な知見を適切なかたちでフィードバックする。このことは研究者の倫理や姿勢としても重要であることは言うまでもない。フィードバックでは，あらためて調査の具体的な目的と，調査の結果をわかりやすく対象者に伝える。対象者に配布する報告書は，大学で作成するサポートや論文とは異なる部分に注意して作成する必要がある。専門家ではない一般の人を対象として，得られた結果のフィードバックを行なう際には，心理学的な専門用語はなるべく使わず，噛み砕いた説明とともにわかりやすい平易な言葉を使うこと，複雑な統計分析の結果のみを示すのではなく，丁寧な結果の解説を加えること，図表や絵など目で見るだけで大局を理解できるような表現を心がけることなどが重要である。内容のわかりやすさと読みやすさ，正確さを重視する。だらだらと難しい文章を並べるのではなく，研究でわかったことを明確にわかりやすく書き，必要であれば見やすいグラフや表，イラストや写真を載せて説明する。得られたデータのすべてではなく，重要と思われる点や世間の耳目を集めるようなポイントに絞った報告や，パンフレットやリーフレットと呼ばれるシンプルなつくりの媒体を用いたり，協力してくださった対象者を招待して報告会を開催したり，あるいはインターネット上のWebサイトにて公開するかたちをとるなど，さまざまな形態でのフィードバックが考えられる。より詳細な結果を知りたいと思う人に向けては，得られた調査結果に基づいた学術論文や研究成果報告書へアクセス可能な状態を準備しておくことも大事である。

　調査に協力してくださる高齢者には知的好奇心が高い人が多いため，自分たちが協力した行為が大学のどのような研究に貢献しているのか，自分たちの回答によって学術的にどのようなことがわかったのか，はたして若い人たちの役

に立ったのかなど，報告を心待ちにしている方も多い。特に，同じ対象者に何年も協力を依頼する縦断調査の場合は，調査ごとの丁寧なアフターケアが次の協力行動に大きく影響する。中年期以降になると，これまでの自分の経験や学習から得られた知識や知恵を他者，特に次世代を担う若い世代に継承し，若い世代を助けてあげたいという関心が高まるとされている。こうした「若い世代に対して教えてあげたい，導いてあげたい」という次世代への利他的な関心は「世代性（generativity）」と呼ばれており，こうした関心が高い高齢者は大学生等の若い人たちが実施する調査にも協力的であることが多い。しかし，世代性が高く調査参加にも積極的である高齢者でも，次世代の若い人たちから「感謝された」あるいは「受け入れられた」と感じなければ，つまりポジティブなフィードバックを受け取らなければ，世代性が低減してしまい，利他的な行動もストップしてしまうという研究がある（Tabuchi, Nakagawa, Miura, & Gondo, 2015）。あるいは，若い人たちの態度は高齢者にとって同世代の態度よりも心理的に影響が大きいという研究もある（田渕・三浦，2014）。つまり，協力的な高齢者であっても調査をする若者側の実施態度やアフターケアが疎かであると，「二度と協力などするものか」という思いを抱かせてしまう可能性もあるということである。

大学や世代を代表しているという心構えで調査を行なう

　以上にあげたポイントのほかにも注意すべき点はあるため，他章をぜひ参考にしていただきたい。「若者が研究のために頑張っている」という姿を見て，できるかぎり調査に協力してあげようと思う高齢の方は少なくない。そうした好意を無駄にしないように，調査票作成の時点あるいは項目内容の検討の時点から，高齢の対象者に対するさまざまな配慮を忘れずに研究を進めることが重要である。

比較文化研究における調査法

本章では,「心理尺度をつかう」の応用編として「比較文化研究における調査法」を紹介する。比較文化研究が対象とする人たちは,異なる文化を有し,言語もさまざまである場合が多い。個人差をも含む文化という大きな概念の測定と,その影響の解明に挑戦し続けるための興味深い手法を理解しながら,調査法の応用とその可能性について考えてみよう。

1節　比較文化調査とは

比較文化調査とは,異なる「文化」に所属する集団同士を対象に心理尺度や項目を用いて調査し,それぞれの集団内の特徴を明らかにしようとする調査法を活用した一つの研究手法である。ここで言う「文化」とは,「人間社会でできあがってきたものをとおして,人が獲得し,伝達する思考・感情・反応のパターン」である（Kluckhohn, 1951）。このパターンには,日常的慣習（Markus & Kitayama, 1991）,意味（Bruner, 1990）や価値（Hofstede, 2001）が含まれる。文化とは必ずしも国という集団単位のみで異なるものではなく,意味や価値に関する意味論や記号論が人々の間で共有され,その中に人々が習慣的に参加し

て獲得した知情意のパターンである。

　比較文化調査を行なう際に，まず留意すべきことは，個人差の問題である。たとえば，あなたが日本人だとしたら，他の日本人との集合は日本人集団という文化的な集団と考えることができ，この集団で共有される知情意のパターンが他の文化的な集団と異なる場合に，文化差があるということになる。しかし，当然，このような集団間の違いの中には，集団内の個人のさまざまな違いも混在している。日本人であってもアメリカ人のような感じ方をする個人はいるし，その逆も然りである。

　このように，文化という要因を検討する際に収集するデータには，個人差は当然含まれており，この個人差とは異なる次元にある文化的集団間での違いが文化の違いということである。比較文化心理学ではこの問題に対し，個人差の大きさと集団差の大きさを比較できる分散分析や，階層線形モデリングという統計手法で個人と集団の効果を切り分ける。

　心理尺度による量的データを比較土台とした比較文化研究では，社会学分野で伝統的に用いられてきた「国」という集団差が個人差に比べて小さいことが繰り返し指摘されている。しかし，心理尺度以外の量的データを比較土台とした場合はそのかぎりではないことも指摘されている（Na, Grossman, Varnum, Kitayama, Gonzalez, & Nisbett, 2010）。また近年では，個人と文化の関係は個人レベルのデータのみを扱っていては探ることができない，すなわち，文化は必ずしも個人に還元できないレベル（社会環境や，集団に共有される意味論）に存在すると考える見方も存在する。個人差と集団差が，異なるシステムで動いているとすれば，本来両者は組み合わさり，補い合う関係にあると考えることもできる（Leung & Cohen, 2011）。文化心理学という社会心理学の応用分野では，個人差と集団差の交互作用（組み合わせ）を考慮する必要性が指摘されており，たとえば幸福感研究では，個人の幸福感が文化的集団の特徴によってどのように影響を受けるのかを探求している（Hitokoto & Uchida, 2015）。

152　第4部　「心理尺度をつくる」「心理尺度をつかう」応用編

2節　比較文化調査とバイアス

　1節で述べたように，文化と個人の関係性に関してはさまざまな議論があるが，ここでは，文化比較を行なう際に留意すべき一般的な方法論について説明する。まず「共通の比較土台」，すなわち文化を数量化する量的データには，多かれ少なかれ比較手続き上のバイアスが生じる。言い換えると，研究者がなんらかの文化差を見いだそうとする際に，真の差とは異なったデータを抽出してしまうことがあるということである。表 13-1 には 3 つのバイアス例を示したが，これらのバイアスはできるだけ排除して比較を行なうことが望ましい。

表 13-1　比較を妨げるさまざまなバイアス（例）

【概念バイアス】比較する集団の間で同じ構成概念が存在しないのに比較しようとすることによって生じるバイアス

　ただし，言葉（単語）がないからといって概念（行為の集合）がないわけではなく，概念に含まれる下位概念（一部の要素）のみが文化間で異なる場合もある。
　ある文化にしか存在しない概念は，比較の土台にそもそも載せることができない。

【方法バイアス】比較する手続き自体が等価でないことによって生じるバイアス

　具体的には，データ収集のために用いる材料や刺激，研究手続き等の方法に関する違いによって生じるバイアスである。
　方法バイアスは，比較文化に限らず，集団間の差を比較する際には留意すべきである。

【項目バイアス】心理尺度の項目の不備によって生じるバイアス

　代表例は，翻訳ミスであり，特に心理尺度の場合は，抽象的な表現や文化特異的な表現を用いる項目において生じることが多い。
　異なる言語に項目を翻訳するということは，単に辞書的に正しい翻訳をすればよいということではないため，各項目の文意はもちろん，各文化での社会背景や表現方法にも精通した複数言語話者を研究チームに入れるなどの工夫が重要である。

3節　不変性（等価性）とその検証方法

　比較文化調査では，そもそもデータが集団間で比較可能であるかを別途判

断する必要性がある。この方法も多岐にわたるが，国際比較文化心理学会（International Association for Cross-Cultural Psychology）で方法論として多くの研究者に受け入れられている**不変性（等価性）**の検証方法を以下に説明する（van de Vijver, van Hemert, & Poortinga, 2008）。なお，比較可能であるかを判断する言葉として不変性（invariance）と等価性（equivalence）があり，どちらも同じ意味で用いられるが，ここでは，等価であるという証明は，本書で用いている統計的方法の性質上，妥当な表現ではないと考えられるため，以下からは不変性という言葉を用いて説明する。

　比較文化調査の不変性の枠組みでは，まず，比較をしたい心理尺度が異なる集団間で同じかどうかを検証する。この検証方法が，多母集団同時分析と呼ばれる手続きで，そこでは複数の母集団から抽出されたデータを用いて集団間の回答傾向の推定（差があるかどうか）を同時に解析する。本章ではミルフォントとフィッシャー（Milfont & Fischer, 2010）に従った手順を簡単に紹介する。

　まず，異なる集団で同じモデルの適合度を**確認的因子分析**モデル（Column 6 参照）を用いて検証する。この段階で適合度が十分であれば，モデルは「配置不変（configural invariance）」と呼ばれる。この段階の適合度が十分であれば，次の段階として，異なる集団間で因子負荷量が不変であることを仮定し，適合度を検討する。この段階の適合度が十分であれば，因子負荷量は両群で同じと結論する。そして次の段階として，今度は異なる集団間で項目が不変であることを仮定し，適合度を検討する。この段階の適合度が十分であれば，項目も両群で同じであると結論でき，この段階ではじめて尺度得点の比較が意味を成す。このように，多母集団同時分析では，段階を経て確認的因子分析を用いて異なる集団間でのモデルの適合度を検討し，心理尺度の不変性を検証する。

4 節　比較文化調査のまとめと今後の展開

　本章では，調査法の応用例の一つとして，比較文化調査あるいは比較文化研究の分析手法を紹介した。文化という大きな要因は通常の研究を行なう際にはあまり意識しないことのほうが多いかもしれないが，さまざまな社会心理学的，

教育心理学的，臨床心理学的な理論や現象を考える際に文化を考慮することの必要性が示唆されてきた。近年では，認知心理学の分野でも文化的な違いと解釈できる知見が報告されており，文化と心の関係に関する研究は今後も増える可能性がある。

　文化だけではなく，集団といった大きな要因を測定する際に，調査法はきわめて便利な手法だといえる。さまざまな統計手法や他の研究法から得られたデータを活用することが，研究意義と知見の確実性を高めるのである。

項目反応理論：IRT

　項目反応理論（item response theory：IRT）は，古典的テスト理論に変わる分析モデルとして一般的に使われるようになり，比較文化調査でも行なうことが望ましいとされている（田崎，2008）。得点には真値と誤差があるとする古典的テスト理論に基づいたモデルに対し，項目反応理論では，得点に対する反応を検討する際に項目の難易度を考慮したモデリングを行なう。本来，項目反応理論は正解不正解の存在する試験のような項目の分析のために開発された分析モデルであるが，心理尺度のような連続的な反応にも応用することができる。項目反応理論では，測定しようとしている概念の（潜在的）な個人差を想定し，それが任意の程度である個人が，それぞれの項目で特定の段階に反応する（たとえば，正解，評定段階の3などを示す）確率を求める。横軸にこの潜在能力，縦軸に反応する確率をとったときに，両者の関係を描く曲線をデータから求める。この曲線が，たとえば比較する集団の間で異なっている項目があった場合，それは集団によって潜在能力が同じように項目の評定に現われない特異項目機能（differential item functioning：DIF）が生じていると考える。大石（Oishi, 2006）は，人生満足感尺度の項目の一部に米中差があることを項目反応理論で明らかにしている。

郵送調査法

本章では,「心理尺度をつかう」の応用編として,第3部で紹介しきれなかった実施法である「郵送調査法」を取り上げる。現代では郵送を用いた調査法の頻度は減っているが,郵送調査法の具体的な手順の理解とともに,その長所と短所を知ることで,オンライン調査と併用する意味を考えてみよう。

1節 郵送調査法とは

人を対象とするすべての調査は,研究者・調査者側から発せられる質問と,調査対象者側から返される回答のやりとりによって成り立っている。質問と回答のやりとりを媒介するものとして,郵便制度を利用する方法を郵送調査法(mail survey)と呼ぶ。郵送調査法の長所として,調査への参加に際して集合法のように回答者が調査実施場所まで出向く必要がなく,自宅でいつでも都合のよい時間帯に回答ができる点をあげることができる。一方,郵送調査法の短所として,回収の方法が調査対象者による自発的な返送を待つことしかできないため,**回収率**(返送率)が低くなってしまう点があげられる。郵送調査法は,

オンライン調査に比べて，調査票への記入，調査票の封入と投函という"手間"がかかってしまう。この点については，これまで多くの先行研究が郵送調査法における回収率を高める方法を模索しており，たとえば，督促を複数回行なうことや謝礼を渡すことには一貫して回収率を高める効果がある（Mangione, 1995；松田, 2010）。

　本書の第10章でも取り上げたように，近年，速くて便利なオンライン調査の出現によって，紙媒体での調査法の利用頻度は低下しつつあるといえる。郵送調査法では，調査の依頼や調査票自体を発送することが多いため，当然ながら心理学で多く行なわれてきた質問紙を配布する調査法と比較すると，調査用紙に加えて封筒代や郵送料がかかるという点では，安価とはいえない側面がある。もちろん，専門の調査員が各家庭をまわり，面接調査を行なうといった類の社会調査に比べると費用や労力は小さいが，心理学の領域では，この手の面接調査を行なうことは多くはなく，面接による情報収集は，むしろ「面接法」として確立している。

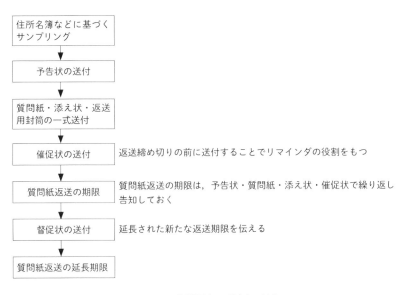

図 14-1　郵送調査の手続きの流れ

2 節　郵送調査の設計：手続き的なデザイン

　典型的な郵送調査法の手続きの流れを図 14-1 に示した。質問紙を送付する以前に予告状を送付することで送付された質問紙に注意が向きやすくなり，捨てられたり無視されたりする可能性が低くなる。また，質問紙を送付する際には添え状をつけることによって，調査者側からの礼儀正しい協力依頼の姿勢を示すことができる。調査対象者に対する礼節をわきまえたはたらきかけは，回収率の増加や不誠実な回答の低減にも関連する。催促状・督促状といった期限を思い起こさせて返送を促す送付物には回収率を高める効果がある⓪。

3 節　郵送調査の設計：物理的なデザイン

　回収率を十分に高め，質の高いデータを収集するためには，調査手続きを綿密に計画すること（手続き的なデザイン）と同時に，送付用封筒・質問紙・添え状・返送用封筒・予告状・督促状などといった実査媒体の見栄え（物理的なデザイン）にも工夫が必要である。それらの目的は以下の 4 点を満たすことに集約される。

①送付された質問紙を手に取り中身を見てもらうこと。重要でない広告やダイレクトメールと間違われて捨てられないこと。
②調査に参加し，質問に回答しようと思ってもらえること。興味関心を引きつけ，信用を得て協力行動を引き出すこと。
③不適切な回答を防止し，誠実で正確な回答を得ること。質問の読み間違いや回答のつけ間違いが起きにくく，誰でも理解しやすく回答しやすいこと。
④他の書類の中にまぎれてしまわないこと。回答を忘れてしまったり，回答したにもかかわらず返送を忘れてしまったり，途中で紛失してしまったりしにくいこと。

小さいサイズの質問紙のメリットは，郵送による送付ならびに回収時のコストを抑えることができる点であるが，小さすぎると重要なものと思われなかったり，紛失されたり，回答および返送を忘却されてしまう可能性がある。質問紙のサイズは A5 版から A4 版程度のサイズが望ましい。

　あまりに長大な質問紙は，回答しようという意欲を減退させ，回収率が低下する恐れがあるが，質問紙のページ数を節約するために，狭い紙面に多すぎる質問項目を詰め込むことは避けるべきである。小さくて読みにくい文字サイズは，回答者に多大な負担を与えることになる。回答に間違いが生じやすくなったり，欠損や無効な回答が増加したりしてしまう。

4 節　調査対象者および住所の情報を得る方法

　郵送調査を実施する際に必要となる情報は，調査対象者の住所を含んだ情報である。公益性のある統計調査や学術研究を行なう場合には，住民基本台帳の写しを閲覧することができる。調査会社が保有するパネル（モニターやサンプルとも呼ばれる）を有料で利用する方法や，調査者が所属したり関連をもつ機関・組織・学校などが独自に有する，会員・社員・職員名簿，学生名簿や同窓会・校友会名簿を利用する方法もあるが，名簿は常に完全な情報というわけではない。情報の更新が滞った名簿を用いて郵送調査を行なった場合，郵送した質問紙の多くが，宛先不明・転居・死亡などによって不達となり，回収率が著しく低下する恐れもある。

　近年ではプライバシーの観点から個人の氏名や住所といった情報の公開や閲覧は制限されることが多いため，正しい住所録等の情報収集が郵送調査法実施の大前提である。

160　　第 4 部　「心理尺度をつくる」「心理尺度をつかう」応用編

郵送調査の返送用封筒に残された情報

　郵送調査法では，回答された質問紙や調査票は，通常，調査対象者の手で返送用封筒に入れられ，投函される。一般的には，回答済みの質問紙や調査票の内容がデータとして分析対象となるため，返送用封筒そのものは単なる調査手続き上で使用された道具の一つでしかない。郵送調査の手続きを業者に委託する場合は，返送用封筒そのものを目にする機会がないこともある。

　しかし，この郵送調査の実施における副産物にすぎない返送用封筒について，そこから得られるデータに注目した試験的研究が存在する。菅野（2010）は，返送用封筒の表面への「御中」記入の有無に注目している。日本で一般的に知られている郵便関係のビジネスマナーの一つが「御中」の記入である。封書を返送する際の宛名について，あらかじめ「宛」や「行」といった表記があればそれを二重線で消し，「御中」や「様」という言葉をあらためて記入することで取引相手への敬意を示すというものである。分析の結果，御中と記入している場合は無回答の割合が低かった。また，男性よりも女性のほうが御中を記入していること，年収が高いほど御中と記入する傾向が見られることが明らかとなった。さらに岡本（2013）は，菅野（2010）と同様の「宛名の書き換え」に加えて，「差出人情報の記載の有無」「封字の記載の有無」など，返送用封筒から読み取ることのできるさまざまな情報を多角的に検討している。その分析結果からは，男性に比べて女性のほうが，宛名を書き換える傾向が高く，差出人情報および封字を記載する傾向が低いことが示された。また，50歳前後の年齢層は宛名を書き換える傾向が高く，75歳以上の高齢層は差出人情報および封字を記載する傾向が高いことが示された。心理的変数との関連も検討されており，差出人情報や封字を記載している人は記載していない人よりもパーソナリティ特性の誠実性得点が有意に高いという結果が認められた。

　これらの試験的な先行研究を概観してみると，返送用封筒から読み取ることのできる情報には，回答の丁寧さや責任感の強さといった心理的・行動的特徴，対人関係における心配りの程度，社会階層や知識水準の高さなどが反映されている可能性が指摘できる。郵送調査法において使用された返送用封筒をただ廃棄してしまうのはたいへんもったいないことかもしれない。返送用封筒をよく見れば，そこには調査対象者がとったさまざまな反応や行動の痕跡がまだまだ他にも残されているかもしれない。

第 1 章

Hitokoto, H., Glazer, J., & Kitayama, S. (2016). Cultural shaping of neural responses: Feedback-related potentials vary with self-construal and face-priming. *Psychophysiology, 53*, 52-63.

堀 洋道（監修） 山本真理子（編）(2001). 心理測定尺度集Ⅰ：人間の内面を探る〈自己・個人内過程〉 サイエンス社

宮下一博 (1998). 質問紙法による人間理解 鎌原雅彦・宮下一博・大野木裕明・中澤 潤（共編） 心理学マニュアル質問紙法 (pp. 1-8.) 北大路書房

▶ Column 1

Herrnstein, R. J., & Murray, C. (1994). *The bell curve: The reshaping of American life by differences in intelligence*. New York: Free.

▶ Column 2

Nisbett, R. E., & Cohen, D. (1996). *Culture of honor: The psychology of violence in the South*. Boulder, CO: Westview Press.（ニスベット, R. E.・コーエン, D. 石井敬子・結城雅樹（訳）(2009). 名誉と暴力：アメリカ南部の文化と心理 北大路書房）

第 2 章

三浦麻子・小林哲郎 (2015a). オンライン調査モニタの Satisfice に関する実験的研究 社会心理学研究, *31*, 1-12.

三浦麻子・小林哲郎 (2015b). オンライン調査モニタの Satisfice はいかに実証的知見を毀損するか 社会心理学研究, *31*, 120-127.

第 3 章

堀 洋道 (2001). 監修のことば 堀 洋道（監修）・山本眞理子（編）心理測定尺度集Ⅰ：人間の内面を探る〈自己・個人内過程〉 (pp. i-iii.) サイエンス社

宮澤章二 (2010). 行為の意味：青春前期のきみたちに ごま書房新社

Scheibe, S., & Carstensen, L. L. (2010). Emotional aging: Recent findings and future trends. *The Journals of Gerontology Series b: Psychological Sciences and Social Sciences*, gbp132.

Tabuchi, M., Nakagawa, T., Miura, A., & Gondo, Y. (2015). Generativity and interaction between the old and young: The role of perceived respect and perceived rejection. *The Gerontologist*, 55, 537-547.

▶ Column 3

西里静彦 (2007). データ解析への洞察：数量化の存在理由（K.G. りぶれっと）　関西学院大学出版会

▶ Column 4

Likert, R. (1932). A Technique for the Measurement of Attitudes. R. S. Woodworth (Ed.) *Archives of Psychology*, No.140.

Oishi, S., Schimmack, U., Diener, E., & Suh, E. M. (1998). The Measurement of Values and Individualism-Collectivism. *Personality and Social Psychology Bulletin*, 24, 1177–1189.

椎名乾平 (2016). Karl Pearson と Thurstone と Thorndike と Likert：評定尺度の黎明　科学研究費補助金・基盤研究（A）キックオフシンポジウム「多肢選択肢における回答行動の統合的理解をめざして」公開シンポジウム 於 慶応義塾大学

第 5 章

Diener, E. D., Emmons, R. A., Larsen, R. J., & Griffin, S. (1985). The satisfaction with life scale. *Journal of Personality Assessment*, 49, 71-75.

第 6 章

Hitokoto, H., & Uchida, Y. (2015). Interdependent happiness: Theoretical importance and measurement validity. *Journal of Happiness Studies*, 16, 211-239.

清水裕士 (2013). 因子分析における因子軸の回転法について Retrieved from http://norimune.net/706 （September, 13, 2016）

第 7 章

American Psychological Association, American Educational Research Association, National Council on Measurement in Education, & American Educational Research Association. Committee on Test Standards. (1966). *Standards for educational and psychological tests and manuals*. American Psychological Association.

堀 洋道 (2001). 監修のことば　堀 洋道（監修）・山本眞理子（編）心理測定尺度集Ⅰ：人間の内面を探る〈自己・個人内過程〉(pp. i-iii.)　サイエンス社

Messick, S. (1989). Validity. In R. L. Linn (Ed.), *Educational measurement*. 3rd ed. Washington, DC: American Council on Education & MacMillan, pp. 13-104.　（メシック，S.　池田 央・柳井晴夫・藤田恵璽・繁桝算男（監訳）(1992). 教育測定学（上巻）(pp. 19-145)　みくに出版）

Miller, L. A., McIntire, S. A., & Lovler, R. L. (2011). *Foundations of psychological testing: A practical approach*. 3rd ed. Sage Publication.

村山 航 (2012). 妥当性：概念の歴史的変遷と心理測定学的観点からの考察　教育心理学年報，*51*, 118-130.

日本テスト学会（編）(2007). テスト・スタンダード：日本のテストの将来に向けて　金子書房

岡田謙介 (2015). 心理学と心理測定における信頼性について：Cronbach の α 係数とは何なのか，何でないのか　教育心理学年報，*54*, 71-83.

Rosenberg, M. (1965). *Society and the adolescent self-image*. Princeton, NJ: Princeton University Press.

清水裕士 (2016). フリーの統計分析ソフト HAD：機能の紹介と統計学習・教育，研究実践における利用方法の提案　メディア・情報・コミュニケーション研究，*1*, 59-73.

高本真寛・服部 環 (2015). 国内の心理尺度作成論文における信頼性係数の利用動向　心理学評論，*58*, 220-235.

第 8 章

磯貝芳郎 (1977). ヴィーナスの印象　藤田 統・森 孝行・磯貝芳郎（編）　心の実験室 2 (pp. 283-318.) 福村出版

増山英太郎 (1993). 好みの測定　池田 央（編著）心理測定法 (pp. 157-170.)　放送大学教育振興会

Miron, M. S., & Osgood, C. E. (1966). Language behavior: The multivariate structure of qualification. In R. B. Cattell (Ed.), *Handbook of multivariate experimental psychology*. Skokie, IL: Rand McNally.

村上 隆・後藤宗理・辻本英夫 (1978). 3 相因子分析の適用上の諸問題　名古屋大学教育学部紀要（教育心理学科），*25*, 19-39.

Osgood, C. E. (1957). A behavioristic analysis of perception and language as cognitive phenomena. In J. Bruner (Ed.), *Contemporary approaches to cognition*. Cambridge, MA: Harvard University Press.

Osgood, C. E., Suci, G. J., & Tannenbaum, P. H. (1957). *The measurement of meaning*. Urbana-Champaign, IL: University of Illinois Press.

豊田秀樹・齋藤朗宏 (2005). セマンティック・デファレンシャル法のための 3 相多群および 4 相データのポジショニング分析法　教育心理学研究，*53*, 414-426.

第 9 章

Diener, E., & Tay, L. (2014). Review of the Day Reconstruction Method (DRM). *Social Indicators Research*, *116*, 255-267.

市村美帆 (2012). 自尊感情の変動性の測定手法に関する検討　パーソナリティ研究，*20*, 201-216.

Iida, M., Shrout, P., Laurenceau, J.-P., & Bolger, N. (2012). Using diary methods in psychological research. In H. Cooper (Ed.), *APA handbook of research methods in psychology: Foundations, planning, measures, and psychometrics* (Vol.1.). (pp. 277-305.) Washington, DC: American Psychological Association.

Kahneman, D., Krueger, A. B., Schkade, D. A., Schwarz, N., & Stone, A. A. (2004). A survey method for characterizing daily life experience: The day reconstruction method. *Science*, *306*, 1776–1780.

Kernis, M. H., Grannemann, B. D., & Barclay, L. C. (1989). Stability and level of self-esteem as predictors of anger arousal and hostility. *Journal of Personality and Social Psychology*, *56*, 1013-1022.

箕浦有希久・成田健一 (2014). 日記法による全般的・領域特定的自尊感情の変動性とレベル：日常の感情状態との関連性に注目して　日本心理学会第 78 回大会発表論文集，*54*.

尾崎由佳・小林麻衣・後藤崇志 (2015). スマートフォンを使用した経験サンプリング法：手法紹介と実践報告　東洋大学 21 世紀ヒューマン・インタラクション・リサーチ・センター研究年報，*12*, 21-29.

Rosenberg, M. (1965). *Society and the adolescent self-image*. Princeton, NJ: Princeton University Press.

芝 祐順・南風原朝和 (1990). 行動科学における統計解析法　東京大学出版会

Spielberger, C. D., Jacobs, G., Russell, S., & Crane, R. (1983). Assessment of anger: The State-Trait Anger Scale. In J. N. Butcher & C. D. Spielberger (Eds.), *Advances in personality assessment* (Vol. 2.). (pp. 159-187.) Hillsdale, NJ: Erlbaum.

鈴木 平・春木 豊 (1994). 怒りと循環器系疾患の関連性の検討　健康心理学研究, *7*(1), 1-13.

寺崎正治・岸本陽一・古賀愛人 (1992). 多面的感情状態尺度の作成　心理学研究, *62*, 350-356.

山本真理子・松井 豊・山成由紀子 (1982). 認知された自己の諸側面の構造　教育心理学研究, *30*, 64-68.

第 10 章

那須昭夫 (2004). ウェブによる質問調査法：その方法と特徴　日本語学, *23*(8), 156-167.

大隅 昇 (2006) インターネット調査の抱える課題と今後の展開　ESTRELA, *143*, 2-11.

▶ Column 10

Hitokoto, H., & Tanaka-Matsumi, J. (2014). Living in the tide of change: explaining Japanese subjective health from the socio-demographic change. *Frontiers in Psychology*, 5, 1221.

大谷信介・木下栄二・後藤範章・小松 洋 (編著) (2013). 新・社会調査へのアプローチ：論理と方法　ミネルヴァ書房

第 4 部

松村真宏・三浦麻子 (2014). 人文・社会科学のためのテキストマイニング（改訂新版）　誠信書房

やまだようこ・麻生 武・サトウタツヤ・能智正博・秋田喜代美・矢守克也 (編) (2013). 質的心理学ハンドブック　新曜社

第 11 章

Brislin, R. W. (1970). Back-Translation for Cross-Cultural Research. *Journal of Cross-Cultural Psychology*, *1*, 185–216.

Campbell, D. T. (1986). Science's social system of validity-enhancing collective belief change and the problems of the social sciences. In D. W. Fiske & R. A. Shweder (Eds.), *Metatheory in social science: Pluralities and subjectivities*. (pp. 108-135.) Chicago, IL: University of Chicago Press.

Hitokoto, H., & Uchida, Y. (2015). Interdependent happiness: Theoretical importance and measurement validity. *Journal of Happiness Studies, 16*, 211-239.

稲田尚子 (2015). 尺度翻訳に関する基本指針　行動療法研究, *41*, 117-125.

Werner, O., & Campbell, D. T. (1970). Translating, working through interpreters, and the problem of decentering. In R. Naroll & R. Cohen (Eds.), *A handbook of cultural anthropology*. (pp. 398-419.) New York: American Museum of National History.

第 12 章

Kosnik, W., Winslow, L., Kline, D., Rasinski, K, & Sekuler, R (1988) Visual changes in daily life throughout adulthood. *Journal of Gerontology*, *43*(3), 63-70.

田渕 恵・三浦麻子 (2014) 高齢者の利他的行動場面における世代間相互作用の実験的検討　心理学研究, 84, 632-638.

Tabuchi, M., Nakagawa, T., Miura, A., & Gondo, Y. (2015) Generativity and Interaction between the Oldand Young: The Role of Perceived Respect and Perceived Reject. *The Gerontologist*, *55*, 537-547.

第 13 章

Bruner, J. (1990). Culture and human development: A new look. *Human Development*, *33*, 344-355.

Hitokoto, H., & Uchida, Y. (2015) Interdependent happiness: Theoretical importance and measurement validity. *Journal of Happiness Studies*, *16*, 211-23

Hofstede, G. (2001). *Culture's consequences: Comparing values, behaviors, institutions and organizations across nations*. Thousand Oaks, CA: Sage.

Kluckhohn, C. (1951). The study of culture. In D. Lerner & H. D. Lasswell (Eds.), The policy sciences. Stanford, CA: Stanford University Press.

Leung, A. K. Y., & Cohen, D. (2011). Within- and between-culture variation: Individual differences and the cultural logics of honor, face, and dignity cultures. *Journal of Personality and Social Psychology*, *100*, 507–526.

Markus, H. R., & Kitayama, S. (1991). Culture and the self: Implications for cognition, emotion, and motivation. *Psychological Review*, *98*, 224–253.

Milfont, T. L., & Fischer, R. (2010). Testing measurement invariance across groups: Applications in cross-cultural research. *International Journal of Psychological Research*, *3*, 111-121.

Na, J., Grossmann, I., Varnum, M. E. W., Kitayama, S., Gonzalez, R., & Nisbett, R. E. (2010). Cultural differences are not always reducible to individual differences. *Proceedings of the National Academy of Sciences*, *107*, 6192–6197.

van de Vijver, F. J. R., van Hemert, D. A. & Poortinga, Y. H. 2008 *Multilevel analysis of individuals and cultures*. New York: Erlbaum.

▶ Column 11

Oishi, S. (2006). The concept of life satisfaction across cultures: An IRT analysis. *Journal of Research in Personality*, *40*(4), 411–423.

田崎勝也 (2008). 社会科学のための文化比較の方法：等価性と DIF 分析　ナカニシヤ出版

第 14 章

Mangione, T. W. (1995). *Mail Surveys: Improving the quality*. Applied social research methods series: volume 40, Thousand Oaks, CA: Sage.　（マンジョーニ, T. W.　林 英夫 (監訳)・村田晴路 (訳) (1999). 郵送調査法の実際：調査における品質管理のノウハウ　同友館）

松田映二 (2010). 郵送調査の回答特性：謝礼・調査テーマ・調査主体が調査に及ぼす影響　行動計量学, 37, 159-188.

▶ Column 12

岡本茉里 (2013). 郵送調査の返送用封筒に反映された日常的な行動の個人差の検討：調査票のパーソナ
リティ項目を指標として　関西学院大学文学部総合心理科学科心理科学専修 2012 年度卒業論文

菅野 剛 (2010). 返信封筒を捨てないで！郵送調査の「御中」の意味するもの　日本行動計量学会大会
発表論文抄録集，38, 24-25.

索 引
Index

【A〜Z】
SD法　　95, 96
SNS　　129

【あ】
一日再構成法（day reconstruction method：
　　DRM）　106, 108
一対比較法　　41
因子負荷量　　75
インフォームド・コンセント（informed
　　consent）　20

オンライン調査　　19, 95, 126

【か】
回収率　　157
回転法　　75
回答偏向　　62
概念的再現研究（conceptual replication）　15
概念バイアス　　153
確認的因子分析（confirmatory factor
　　analysis：CFA）　79, 154
活動性（activity）　　98
感覚尺度（sensory scale）　　31
観察的研究法　　2
観察法　　2

擬似相関　　68
基準関連妥当性（criterion-related validity）　88

逆転項目　　44
逆翻訳法（バックトランスレーション；back
　　translation）　140
強制選択法　　41
許容誤差　　17

クラウドソーシング　　130, 134
クロス表　　68
クロンバックのα係数（Cronbach's coefficient
　　α）　83

経験抽出法（experience sampling method：
　　ESM）　95, 105
研究倫理　　20, 26
検査法　　2

構成概念（construct）　　30, 31
構成概念妥当性（construct validity）　　89
項目バイアス　　153
項目反応理論（item response theory：IRT）
　　156
コンビニエンス・サンプリング　　127

【さ】
再検査信頼性（test-retest reliability）　　82
再検査法（test-retest method）　　87
再現性　　7
最小値　　61
最大値　　61
散布図（scatter plot）　　64, 65

サンプリング（標本抽出） 16
サンプル（標本） 16

自己報告 7
実験的研究法 2
実証(的)科学 2
社会調査 131
自由記述法 36, 41
集合調査 20
収束アプローチ（convergence approach）
　　142
収束的妥当性（convergent validity） 90
主観報告 7
主成分分析（principal component analysis）
　　84
順位法 41
信頼性（reliability） 81, 82
信頼レベル 17
心理尺度（psychological scale） 1, 7, 31

スコアリングデータ（scoring data；得点化
　　処理データ） 55

生態学的経時的評価法（ecological momentary
　　assessment：EMA） 105
生態学的妥当性（ecological validity） 107
折半法（split-half method） 83
潜在的連合テスト（Implicit Association
　　Test：IAT） 58

相関分析 63
双対尺度法 38

【た】
脱中心化（decentering） 141
妥当化（validation） 93
妥当性（validity） 81, 88
ダブル・バーレル 41
単一回答法 41
単一項目尺度（single-item scale） 94
探索的因子分析 73

中央値（median） 61

データベース 134
テキストマイニング（text mining） 37, 137
デセプション（deception） 23
デブリーフィング（debriefing） 23
天井効果（ceiling effect） 63
電話調査 19

等質性 72
トップダウン 139
留置調査 19

【な】
内観法 6
内的一貫性（internal consistency） 82
内容的妥当性（content validity） 44, 88
ナラティブ 137
ナンバリング 52

日記法（diary methods / diary recording
　　method） 106, 115

【は】
比較文化研究 139
比較文化調査 151
評価性（evaluation） 98
標準偏差（standard deviation：SD） 60
評定法 41

複数回答法 41
不変性（等価性） 153, 154
ブレーンストーミング 33
プロフィール 102
文献検索 9
文章完成法 36, 37

平均値（mean） 60
並行検査法（parallel test method） 87
併存的妥当性（concurrent validity） 89

弁別的妥当性（discriminant validity） 90

方法バイアス 153
母集団 16
ボトムアップ 140
翻訳研究 138, 139

【ま】

マクドナルドのω係数（McDonald's coefficient ω） 84

無作為抽出法（random sampling method） 17

面接調査 18
面接法 2

【や】

有意抽出法（purposive selection method） 17
郵送調査 19
床効果（floor effect） 63

予測的妥当性（predictive validity） 89

【ら】

ライスケール（lie scale） 5
ランダムサンプリング 17

利益相反（conflict of interest：COI） 26
リッカート法 46
力量性（potency） 98
倫理的同意 20

ローデータ（raw data） 54

［シリーズ監修者］

三浦麻子（みうら・あさこ）

1995 年　大阪大学大学院人間科学研究科博士後期課程中途退学
現　　在　大阪大学大学院人間科学研究科教授，博士（人間科学）
［主著・論文］
『計算社会科学入門』（共著）丸善出版　2021 年
『グラフィカル多変量解析（新装版）』（共著）現代数学社　2020 年
『心理学研究法』（編著）放送大学教育振興会　2020 年
「COVID-19 禍の日本社会と心理」心理学研究，第 92 巻 5 号　2021 年
「利己的行動・利他的行動は連鎖するか」心理学研究，第 92 巻 1 号　2021 年

［編　者］

大竹恵子（おおたけ・けいこ）

2002 年　神戸女学院大学大学院人間科学研究科博士後期課程修了
現在　関西学院大学文学部教授，博士（人間科学）
［主著・論文］
『保健と健康の心理学－ポジティブヘルスの実現』（編）　ナカニシヤ出版　2016 年
『健康とくらしに役立つ心理学』（共編）　北樹出版　2009 年
『女性の健康心理学』（単著）　ナカニシヤ出版　2004 年

［執筆担当］

大竹恵子	（編者）	第 1 章，第 2 章
一言英文	関西学院大学文学部准教授	第 1 章～第 7 章，第 10 章，第 11 章，第 13 章, Column 1～4, 6, 7, 9～11
田渕　恵	安田女子大学心理学部講師	第 3 章～第 7 章，第 12 章, Column 5
箕浦有希久	佛教大学教育学部講師	第 4 章～第 7 章，第 8 章，第 9 章，第 14 章, Column 8, 12

イラスト：田渕　恵

［ サポートサイト ］

本シリーズに連動したサポートサイトを用意しており，各巻に関連する資料を提供している。

また，本書の本文中に ⑪ 印がついた下記の資料は，ダウンロードすることができる。

    ⑪ クロス表　データ（p. 69, 70, 71）

    ⑪ 一日再構成法　データ（p.111, 112, 115）

    ⑪ 日記法　データ（p.122, 123）

    ⑪ 高齢者用調査票　サンプル（p. 147）

    ⑪ 郵送調査における送付物　サンプル（p.159）

http://psysci.kwansei.ac.jp/introduction/booklist/psyscibasic/

※北大路書房のホームページ（http://www.kitaohji.com）からも，サポートサイトへリンクしています。

心理学ベーシック 第 3 巻　なるほど！ 心理学調査法

2017 年 9 月 20 日	初版第 1 刷発行	定価はカバーに表示してあります。
2024 年 3 月 20 日	初版第 4 刷発行	

監　修　者　三　浦　麻　子
編　著　者　大　竹　恵　子

発　行　所　（株）北 大 路 書 房

〒 603-8303
京都市北区紫野十二坊町 12-8
電話 （075） 431-0361 （代）
FAX （075） 431-9393
振替　01050-4-2083

イラスト　田渕　恵
編集・デザイン・装丁　上瀬奈緒子（綴水社）
印刷・製本　亜細亜印刷（株）

ⓒ2017　ISBN978-4-7628-2990-1　Printed in Japan
検印省略　落丁・乱丁本はお取り替えいたします

・ JCOPY 〈(社)出版者著作権管理機構 委託出版物〉
本書の無断複写は著作権法上での例外を除き禁じられています。
複写される場合は，そのつど事前に，(社)出版者著作権管理機構
（電話 03-5244-5088, FAX 03-5244-5089, e-mail: info@jcopy.or.jp）
の許諾を得てください。

シリーズ紹介

心のはたらきを科学的に見つめるまなざしを養い，
「自らの手で研究すること」に力点をおいたシリーズ全5巻。

シリーズ監修　三浦麻子

第1巻　**なるほど！心理学研究法**　三浦麻子 著

第2巻　**なるほど！心理学実験法**　佐藤暢哉・小川洋和 著

第3巻　**なるほど！心理学調査法**　大竹恵子 編著

第4巻　**なるほど！心理学観察法**　佐藤 寛 編著

第5巻　**なるほど！心理学面接法**　米山直樹・佐藤 寛 編著

各巻A5判・約190頁〜270頁